養護教諭の実践研究

―― プロトコル分析のすすめ ――

斉藤 ふくみ 著

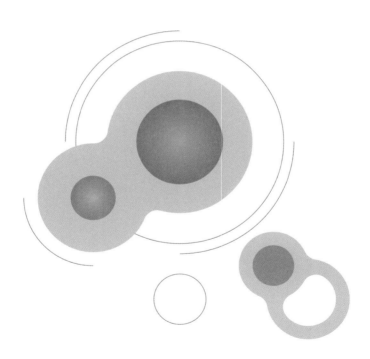

風間書房

は じ め に

　学校教育法第37条第12項に「養護教諭は、児童の養護をつかさどる」と定められている。養護は、現在では「子どもの心身の健康の保持（健康管理）と増進（健康教育）によって、発育・発達の支援を行うすべての教育活動である」（日本養護教諭教育学会定義；2007）と解されている。そのうえで、個々の養護教諭は、自身の養護を自ら納得できる言葉で表現できるように追究し続けてきた。自身の職業名に冠された言葉を追究し続ける職業もそう多くはないだろう。その背景には、明治38（1905）年に出現した学校看護婦から、一般呼称としての学校衛生婦、学校養護婦などを経て、昭和16（1941）年国民学校令において養護訓導に、昭和22（1947）年学校教育法において養護教諭へと名称の変遷を遂げてきたこと、すなわち歴史に翻弄されてきたことがあるだろう。

　養護教諭が依拠する学問は養護学と称する。養護学は今だ構築の道半ばである。学問は一定の理論に基づいて体系化された知識と方法であり、学問を形成するには科学的であること、つまり事実に基づいて思考することが重要である。

　養護は、養護教諭が日々行っている実践の中に存在する。そのため、養護の解明には、養護教諭の実践（養護実践と称する）の事実に基づいて分析・考察することから導かれなければならない。養護教諭が養護の対象とするのは、日々変化し、成長している児童生徒である。子ども一人一人に対する養護教諭の対応は、どれ一つとして同じ対応は存在しない。養護教諭の思考や判断、子どもの変容は数字で表現したり評価することは難しい。そこで質的研究手法を用いることが求められる。

　本書は、筆者が行ったいくつかの養護実践研究を紹介し、質的研究手法の

うち特にプロトコル分析に頁を割いた。養護教諭の実践研究に適確な質的研究手法は確立していない。本書が、養護を追究し続けている養護教諭関係者に、なんらかの参考にしていただけるならば幸いである。

目　　次

はじめに

第1章　養護学の系譜 ………………………………………………………… 1
　第1節　予防医学としての養護学 ………………………………………… 1
　第2節　教育における健康 ………………………………………………… 4
　第3節　学校教育における生命・健康の位置づけ …………………… 7
　　1．教育行政における教育目標の分析から …………………………… 7
　　2．各校の教育目標における子どもの生命・健康の位置づけ ……… 12
　　3．養護教諭に関する学会発表演題の動向から ……………………… 17
　文献 …………………………………………………………………………… 20

第2章　養護実践研究の歩み ……………………………………………… 23
　第1節　養護教諭の職務から養護実践へ ………………………………… 23
　第2節　現職養護教諭による実践研究の動向 …………………………… 27
　第3節　現職養護教諭が用いている研究手法 …………………………… 30
　文献 …………………………………………………………………………… 32

第3章　養護教諭の研究的視点 …………………………………………… 35
　第1節　保健室来室者の実態の可視化の試み …………………………… 35
　　1．背景および目的 ………………………………………………………… 35
　　2．対象および方法 ………………………………………………………… 36
　　3．結果および考察 ………………………………………………………… 36
　　　1）保健室来室者の学年および性別 ………………………………… 36

iv

　　　2）タイムスタディからみた保健室の一日 ·······································37

　　　3）記録に残った来室者数の全来室者数に占める割合について ·········40

　　　4）保健室来室者の来室理由 ···40

　　　5）一日における同一人の来室回数について ·····························42

　　　6）「具体的症状あり」で来室した生徒の来室傾向について ···········43

　　4．今後の課題 ···45

第2節　研究的視点を探る養護教諭としての試み ·······························46

　　1．背景および目的 ···46

　　2．期間および方法 ···47

　　3．結果 ···47

　　　1）各ステップにおいて捉えた執務の特色 ·································47

　　　　（1）ステップ1（手書きのメモ）·································47

　　　　（2）ステップ2（『執務記録』への記入①）·····················49

　　　　（3）ステップ3（『執務記録』への記入②）·····················50

　　　　（4）ステップ4（『執務記録』への記入③）·····················52

　　　2）一日の執務を通して感じたこと・問題点の内容 ·····················53

　　　3）問題や課題として感じた理由 ···54

　　4．考察 ···56

　　5．今後の課題 ···58

　文献 ··58

第4章　養護教諭が行うプロトコル分析 ·······························61

第1節　幼稚園保健室コーナーの参与観察

　　　　　　　―園児の動きの分析を中心に― ·································62

　　1．背景および目的 ···62

　　2．対象および方法 ···63

　　3．結果 ···65

1）参与観察日の保健室コーナーの来室状況 ···65
　　　2）園児の動き ··67
　　　3）Aちゃんが発話に至るまでの行動分析 ···70
　　4．考察 ··71
　　　1）保健室コーナー来室状況について ···71
　　　2）保健室コーナーに対する園児のニーズ ···71
　　　3）Aちゃんの行動の意味するもの ··73
　　　4）望ましい保健室コーナーの配置 ··74
第2節　幼稚園保健室コーナーの参与観察―園児の行動に着目して― ············75
　1．背景および目的 ··75
　2．対象および方法 ··77
　3．結果 ··78
　　　1）保健室コーナー来室状況 ··78
　　　2）園児の行動 ··79
　　　3）園児の行動の特性 ··81
　　　4）ソファーへの接触行動 ··82
　　　5）行動出現の推移確率 ···82
　　4．考察 ··84
　　　1）園児の行動と特性 ··84
　　　2）園児のニーズ別行動特性 ··87
第3節　養護の探索的研究―園児と養護教諭の発話プロトコル分析から― ·······89
　1．目的 ··89
　2．対象および方法 ··90
　3．結果および考察 ···90
文献 ··98

第5章　宮本常一の民俗学的手法を用いて ……………………………101

第1節　宮本常一の民俗学的文献研究(1)―健康教育に視点をあてて― ……101

１．目的 ……………………………………………………………101

２．対象および方法 ………………………………………………102

３．結果および考察 ………………………………………………102

第2節　宮本常一の民俗学的文献研究(2)―養護に視点をあてて― ……………104

１．目的 ……………………………………………………………104

２．対象および方法 ………………………………………………104

３．結果および考察 ………………………………………………105

第3節　養護教諭対象の聞き取り調査
―宮本常一の民俗学的手法を参考に― ……108

１．目的 ……………………………………………………………108

２．対象および方法 ………………………………………………108

３．結果および考察 ………………………………………………108

　　1）宮城県の養護教諭の推移 ………………………………108

　　2）Ｓ養護助教諭の聞き取りから ………………………………109

第4節　質的研究としての民俗学的手法 ……………………………111

文献 ………………………………………………………………111

おわりに ……………………………………………………………113

第1章　養護学の系譜

第1節　予防医学としての養護学

　小倉学（1924-1990）は、熊本医科大学卒業後、東京大学医学部助手となり、その後東京大学教育学部助手から講師となった。専門は健康教育学であった。「予防医学は教育である。日本の公衆衛生をよくするためには学校教育において養護である（ママ）。養護教諭の養成しかない。」（茨城大学養護教諭養成所卒業生，森よし江氏談[1]）という強い信念を持たれて、1962年茨城大学に養護教員養成課程（1年課程）の設置と同時に赴任し、「学校保健学」担当教員となり、1966年国立養護教諭養成所設置、1975年国立大学養護教諭養成課程設置に尽力し、1990年退官まで38年間、養護教諭養成教育および養護学、学校保健学の理論構築に奔走した[2]。医学博士の小倉が養護教諭の養成に生涯を捧げた理由は、子どもの頃から生涯健康に生きていく術を身に付けさせるためには、学校という教育現場で日々子どもと触れ合って、子どもに健康教育する資質の高い養護教諭の存在が最も重要だと考えたからである。

　養護教諭の学問は養護学と称されるも、未だ養護学の構築は道半ばであり、その全貌も定かとはいえない状況である。教育学の中の養護学の位置づけは、大谷が指摘するように（図1-1）[3]、教育学—系統的教育学—理論的教育学の方法論に位置づくとされる。しかしながら、虫眼鏡を持って探さなくてはならないほど、養護教諭の学問は周縁的な位置づけであろうか。

　世界に目を向けると、大学の発生はUNIVERSITAS（ウニベルシタス）という賢者と学びを志す者の共同体[4]からであり、当初はキャンパスを持たず、賢者の話を聞きたい者、学びたい者、若者が広場などに集まって学問したの

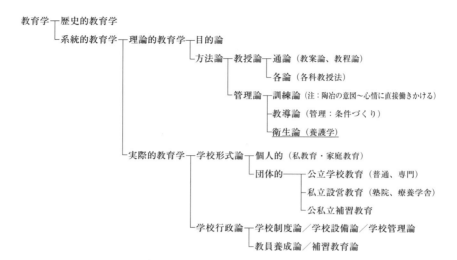

図1-1 『大日本百科辞書「教育大辞書」』にみる教育学の体系(一部抜粋)[3]より転載

が始まりである。都市住民とトラブルになった場合は、新たな土地に移住して集まった。しかし、学生集団の存在は市に経済的利益を与えたので、彼らが他の都市へ移動してしまうことは市にとって大きな経済的痛手となり、市は彼らを保護するようになり、キャンパスが設立され、現在の大学の形になった。最古の大学は、イタリアのボローニャ大学(医学)で11世紀にできた。ヤスパース[5]によると、今日まで存続している諸学部は、中世に起源をもっている。中世[の大学]には、神学、法学、医学の上級学部obere Fakultätがあり、そのほかに自由科artes liberalesが第四の下級学部untere Fakultätであった(図1-2)。

中世に起源をもつ四つの学部について、ヤスパース[6]は次のように説明しており、神學、法學、醫學、工學(この最後のものは自由科の中で分立した：筆者)の各學部である。これを簡単に再現すると、

一、神學はたましいの救いのために聖書を用いる宗教の伝統を養う

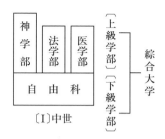

図1-2　中世の大学の構造[5]

二、法學は社会の秩序において市民的な福祉に奉仕する
三、醫學は各人の健康保持および全国民の衛生状況に奉仕する
四、工學は災厄から免れ美を可能にする人間環境の形成を見出す任務をもって、自然力を支配することをつうじて、人間の形成に奉仕する

　医学の説明の「各人」を「児童生徒」に読み替えたらどうだろう。まさに養護教諭の担う職務内容ではないか。中世の学問の系譜のいわば原初的な学問領域と養護学は通じていると言って必ずしも間違いではないように思われる。
　日本は義務教育制であり、出生した子ども全てが学校教育を受ける。学校には養護教諭が配置され、少なくとも小学校、中学校の9年間は、各校の養護教諭の健康管理と健康教育を受け、生涯健康に生きていく力を身に付けさせることで、日本人の衛生状況に奉仕しているといえる。
　杉浦[7]は、予防医学とは健康障害即ち病気の予防を目的とする医学であるとし、予防医学は個人の場合のみではなく集団の立場からも考えられ、学校は集団生活の場であり地域の中心であるから、予防医学においても集団的にものを考える態度が必要であるとして、予防医学の立場からの学校の任務について以下の11項目をあげた。

4

1）予防教育の徹底

2）予防接種等の予防処置の徹底

3）早期発見のための健康観察の実施

4）スクリーニング・集団検診の実施

5）要精検者に対する精密検診の勧告・援助

6）早期治療の勧告

7）集団治療の計画

8）定期的な事後検診の計画

9）健康管理、学校生活における健康指導

10）後遺症所有者の健康管理・養護・訓練・リハビリテーション

11）学校生活における事故対策

　これら1）〜11）の内容は、まさに養護教諭が担う養護の内容と合致するものであり、予防医学の領域を学校教育の場で、医学の基礎知識と看護の知識・技術を有し、養護・教育の専門的資質を備えた専門職としての養護教諭がその任を果たしているといえる。

第2節　教育における健康

昭和22（1947）年制定の教育基本法 第1条 教育の目的は、以下である。

（教育の目的）

第1条　教育は、人格の完成を目指し、平和で民主的な国家及び社会の形
　　　　成者として、真理と正義を愛し、個人の価値をたっとび、勤労と
　　　　責任を重んじ、自主的精神に充ちた必要な資質を備えた心身とも
　　　　に健康な国民の育成を期して行われなければならない。

　教育基本法は、平成18（2006）年に改正され、改正条文は以下のとおりである。

（教育の目的）

第1条　教育は、人格の完成を目指し、平和で民主的な国家及び社会の形成者として必要な資質を備えた心身ともに健康な国民の育成を期して行われなければならない。

さて、本節では、昭和22（1947）年制定の教育基本法について言及する。水野は、1976年発刊の『名古屋大学医学部公衆衛生学教室25年のあゆみ―水野宏教授退官記念論文集』に、「教育の原点としての生命・健康―学校保健学原論あるいは保健教育学原論のための覚書―」[8]という論文を著した。この中で、水野は、昭和22年3月教育基本法が制定され、その第1条の教育の目的に「心身ともに健康な国民の育成」がいくつかの教育目的のうちの1つに数えられたことを当時の教育者・学校保健関係者が評価していたなかで、水野本人は教育の目的は「心身ともに健康な国民の育成」に集約されていると読み取り、そのことを解明するために「英文の教育基本法」を入手すべく苦労したことが述べられている。そしてやっと手に入れた「英文の教育基本法」を見て、自らの読みが正しかったことを確信する。英文には「説明ルール」[9]があり、一番大切なことを先に述べて、その説明を関係代名詞の後に述べる。英文の教育基本法は以下のとおりである。

Basic Act on Education（1947）

Article 1. Aims of Education

Education shall aim at the full development of personality, striving to nurture the citizens, sound in mind and body, who shall love truth and justice, esteem individual value, respect labour and have a deep sense of responsibility, and be imbued with independent spirit, as builders of the peaceful state and society.　　　　□は筆者

すなわち、冒頭に「教育は、心身ともに健康な国民の育成に努力すること
によって、人間性の全面的な発達を目ざさなければならない」とある。その
あとに「心身ともに健康な国民」を受ける関係代名詞 who があって、その
内容として「真理と正義を愛する」から「自主的精神に充ちる」までの項目
があげられている。「心身ともに健康な国民の育成」こそが教育の究極の目
的であり、そのことによって人間性のゆたかな発達がはかられるのだと極め
て明確に表現されている……（中略）。「平和と安全の基盤である」といい得
るような「健康」の意義をしっかりつかみとることが教育の出発点というべ
きであろうと水野は述べている。

　はたして、水野が述べるように教育において「健康」が基盤として捉えら
れていたであろうか。筆者が養護教諭から2000年9月に熊本大学養護教諭特
別別科に講師として赴任し、授業準備のため大学の図書館へ行き教育学全集
にあたっていた。その際に1968年発刊の前川峯雄他編「教育学全集10．身体
と教育」[10]の前書きに目が留まった。以下のとおりである。

　　まえがき
　　……とにかく「身体と健康の問題」を「教育」の中での話題にもちこも
　　うとした試みは、この種の全集ではあまりみられなかった。これが一つ
　　の契機となって「教育⇔健康教育・体育」という分野への関心を高める
　　ことができるならば、編者一同望外のよろこびとするところである。……

　1968年といえば、教育基本法制定から21年後のことである。当時は、教育
の中で身体と健康の問題が話題にされることは稀有であったのであろうか。
愕然とした筆者は、他の教育学全集に目をやった。江橋・高石編「教育学講
座14．健康と身体の教育」[11]のまえがきは以下のとおりである。

　　まえがき

……『健康と身体の教育』という、かならずしも、一般ではあまり使いなれていない言葉を使用したのであるが、……敢えて現在の慣用語（保健体育：筆者）を用いず、本書のような課題にしたのである。しかし、このことは、決して奇をてらったものではなく、新しい挑戦を試みたわけである。……

　こちらは1979年発刊であり、教育基本法制定から32年後の記述である。先の「教育学全集10. 身体と教育」発刊からさらに11年経過して、なお、健康と身体の教育という表現が新しい挑戦であると書かれている。なぜ子どもたちの教育において、まさに子どもの身体や健康は学習活動を行う基盤であるにもかかわらず、こんなにも脇に押しやられているのか。水野が指摘したように、教育の究極の目的である「心身ともに健康な国民の育成」が、日本語に訳された際に、教育の目的の最後に位置づけたことが原因ではないのか。もし仮に、教育基本法の教育の目的が「教育の目的は、心身ともに健康な国民の育成であり、その国民というのが、このような人のことである」という表現であったのなら、日本の教育において、子どもの心身の健康が前面に出てきて、健康教育が最も重要な位置づけになっていたのではないかと残念でならない。

第3節　学校教育における生命・健康の位置づけ

1．教育行政における教育目標の分析から

　学校は、子どもにとって一日の大部分を占める生活の場であり、学習（教育）の場である。子どもが生活・学習する場が安全で生命・健康が守られることは、子どもの健やかな成長を保障する必要な条件である[12]。先述した前川、江橋・高石各氏の全集、講座の発刊から、さらに20数年後の2000年に、

筆者は「学校教育における子どもの生命・健康の位置づけに関する研究」[12]のために全国調査を実施した。

調査当時、平成11年（1999）年の生活指導上の諸問題の現状は次のようであった。学校間における暴力行為発生件数は約3万4千件で前年度に引き続き増加、いじめは減少しているものの約3万1千件、不登校は約13万人で人数としては調査開始以来最多と報告されている。その後、不登校は増加しつづけ、令和3（2021）年度全国の小中学校で、学校を30日以上欠席した不登校の児童生徒は前年度から4万8,813人（24.9％）増の24万4,940人となり、過去最多を記録した[13]。当時の学校の状況のなかで、学校教育における生命・健康の位置づけを探るに当たって、国の諸施策に比べて表面に出て議論される機会が比較的少ないと思われる地方教育委員会（都道府県）の施策を確認することを第一段階として研究に取り組み、一次調査として、全国47都道府県の教育委員会を対象として、電話で依頼を行い、教育施策等の資料を送付してもらった。調査期間は2000年4月11日〜6月2日であった。二次調査として、同対象に葉書による質問紙調査を実施した。調査期間は2000年12月1日〜2001年1月9日であった。

各都道府県の施策の大項目をみると、さまざまな表現を使用していた（表1-1）。概念の上下関係では、おおむね教育目標＞基本方針＞重点施策の順であった（表1-2）。教育目標、基本方針、重点施策に注目して、使用されている用語（名詞）の数をカウントして比較した（表1-3）。なお「生命の尊重」とは人格の尊厳性を含むものであり、人間尊重の精神に通ずる[14]ことから、「人間尊重・人間性・生命」と同じカテゴリーに分類した（表1-3，表1-4，表1-5，表1-6）。また、各都道府県の教育施策における教育目標、基本方針等のすべての分類項目において使用されている生命・健康・心に関わる用語の基本的な表現について、制定年度別に平成12年度と過年度（平成6年度〜平成11年度）で比較した（表1-7）。

教育目標、基本方針、重点施策において使用されている用語（名詞）をみ

表 1-1　分類項目の傾向（N = 47）

項　　目	設定あり	設定なし
重点施策・教育施策	36	11
基本方針	34	13
教育目標・基本目標	29	18
基本姿勢・基本理念	6	41
目指す方向	5	42
目標達成の視点	2	45
教育改革	2	45
基本計画	1	46

表 1-2　各県の教育施策における分類項目の構成

教育目標	基本方針	重点施策	基本姿勢	目指す方向	達成の視点	教育改革	基本計画	n = 47
教育目標	基本方針	重点施策						11
	基本方針	重点施策						10
教育目標	基本方針							6
教育目標		重点施策						5
教育目標		重点施策	基本姿勢					2
	基本方針							1
		重点施策						1
				目指す方向				1
	基本方針	重点施策		目指す方向				1
教育目標		重点施策		目指す方向				1
		重点施策	基本姿勢					1
教育目標	基本方針	重点施策			達成の視点			1
	基本方針	重点施策				教育改革		1
教育目標	基本方針	重点施策	基本姿勢	目指す方向				1
		重点施策	基本姿勢	目指す方向				1
教育目標	基本方針		基本姿勢		達成の視点			1
						教育改革		1
教育目標	基本方針						基本計画	1

ると、教育目標では、「心豊か・心の教育・思いやり」17件（58.6%）が最も高く、次いで「人間尊重・人間性・生命」が16件（56.2%）と続いた。「身体の健康・たくましさ・じょうぶさ」は13件（44.8%）と半数に満たなかった。

表1-3　分類項目で取り上げられている用語の傾向（上位10語）

用　　語	教育目標 （n＝29）	基本方針 （n＝34）	重点施策 （n＝36）
文化・伝統・郷土	③ 13（44.8）	① 26（76.5）	② 30（83.3）
スポーツ・レクリエーション	6（20.7）	② 24（70.6）	① 33（91.7）
生涯学習	⑤ 11（37.9）	③ 23（67.6）	③ 27（75.0）
心豊か・心の教育・思いやり	① 17（58.6）	⑥ 18（52.9）	⑤ 23（63.9）
学校教育・学校づくり	8（27.6）	③ 23（67.6）	④ 24（66.7）
身体の健康・たくましさ・じょうぶさ	③ 13（44.8）	⑤ 22（64.7）	⑥ 17（47.2）
人間尊重・人間性・生命	② 16（55.2）	14（41.2）	14（38.9）
基礎学力・学ぶ意欲	6（20.7）	16（47.1）	15（41.7）
個性	9（31.0）	17（50.0）	10（27.8）
創造性	⑥ 10（34.5）	9（26.5）	5（13.9）

表1-4　「人間尊重・人間性・生命」の用語の具体例

件数（％）

教育目標　n＝16		基本方針　n＝14		重点施策　n＝14	
人間育成	11（68.8）	人間育成	5（35.7）	人間育成	6（42.9）
人間尊重	2（12.5）	人間尊重	4（28.6）	一人一人大切に	4（28.6）
人間性	2（12.5）	人間性	3（21.4）	人間性	2（14.3）
命あるものを尊び	1（ 6.3）	人間愛	1（ 7.1）	命を大切に	2（14.3）
		命あるすべての ものと支え合い	1（ 7.1）		

表1-5　「身体の健康・たくましさ・じょうぶさ」の用語の具体例

件数（％）

教育目標　n＝13		基本方針　n＝22		重点施策　n＝17	
たくましさ	8（61.5）	たくましさ	9（40.9）	健康教育	8（47.1）
健康	4（30.8）	健康	4（18.2）	健康	4（23.5）
じょうぶ	1（ 7.7）	健全育成	3（13.6）	すこやか	2（11.8）
		健やか	3（13.6）	たくましい	2（11.8）
		健康教育	2（ 9.1）	学校保健	1（ 5.9）
		心身ともに調和の とれた	1（ 4.5）		

第1章　養護学の系譜　11

表1-6　「心豊か・心の教育・思いやり」の用語の具体例

件数（％）

教育目標　n＝17		基本方針　n＝18		重点施策　n＝23	
豊かな心	6　(35.3)	豊かな心	5　(27.8)	豊かな心	10　(43.5)
心豊か	5　(29.4)	心の教育	5　(27.8)	心豊か	4　(17.4)
心のふれあい	1　(5.9)	心豊か	3　(16.7)	心の教育	2　(8.7)
情操豊か	1　(5.9)	心をはぐくみ	1　(5.6)	心のふれあい	2　(8.7)
心の教育	1　(5.9)	愛する心	1　(5.6)	共に生きる心	2　(8.7)
他者を思いやり	1　(5.9)	心ふれあう	1　(5.6)	豊かな情操	1　(4.3)
たくましい心	1　(5.9)	心を大切に	1　(5.6)	思いやる心	1　(4.3)
やさしさ	1　(5.9)	健全な心	1　(5.6)	心の教室	1　(4.3)

基本方針と重点施策では「身体の健康・たくましさ・じょうぶさ」は、それぞれ第5位、第6位となったものの、「人間尊重・人間性・生命」はともに上位6位に入っていない。制定年度別に生命・健康・心に関わる用語の具体的な表現を比較すると、「人間尊重・生命」と「健康」において、過年度より平成12年度の方が表現が多様になっている。しかしながら「人間尊重・生命」において生命・命は、過年度において2件（18.2％）、平成12年度において9件（25.0％）と、必ずしも高くない。「健康」においては、たくましさが半数以上を占め、心身の健康の概念は、過年度、平成12年度において、ともに1件であり、概念が深まっていない印象である。その一方で「心」については、「心の豊かさ」「豊かな心」「心の健康」の割合が、過年度に対して平成12年度はほぼ倍増した。1990年代に入ってから「心の健康」の気運が高まり、1994年第41回日本学校保健学会での河合隼雄氏[15]の『「心の健康」とはなにか』の講演が子どもの心に注目する契機となった。以降、学校教育現場では、心の時代に入っていったことを反映していると捉えられる。

　昭和22（1947）年制定の教育基本法から半世紀経っての各教育委員会の教育施策において、健康については「たくましさ」が押し出され、「子どもの心身の健康」という健康の包括的な概念の位置づけは低いと言わざるを得ず、「心身の健康」は教育の目的の第一義のものというよりも、むしろ脇に置かれている状況であった。

表1-7 分類項目における生命・健康・心に関わる用語の具体的な表現

件数（%）

制定年度	平成6年～平成11年　n＝11		平成12年　n＝36	
人間尊重・生命	人間尊重	4 (36.4)	人間尊重	17 (47.2)
	豊かな人間性	3 (27.3)	人間性豊か	9 (25.0)
	生命	2 (18.2)	豊かな人間性	8 (22.2)
			生命	6 (16.7)
			命	1 (2.8)
			命あるものを尊び	1 (2.8)
			自他の生命	1 (2.8)
			人間愛	1 (2.8)
健康	たくましく	6 (54.5)	たくましさ	21 (58.3)
	活力	4 (36.4)	健康	16 (44.4)
	健康の保持増進	3 (27.3)	健康教育	10 (27.8)
	健康	2 (18.2)	活力	9 (25.0)
	体力	2 (18.2)	健やか	5 (13.9)
	健やか	2 (18.2)	体力	5 (13.9)
	健全な心身	1 (9.1)	健康の保持増進	4 (11.1)
	健康教育	1 (9.1)	体力づくり	2 (5.6)
	じょうぶ	1 (9.1)	心身ともに健康な	1 (2.8)
			健康づくり	1 (2.8)
			元気あふれる	1 (2.8)
			はつらつとした	1 (2.8)
			強く	1 (2.8)
心	心の豊かさ	4 (36.4)	心豊か	22 (61.1)
	豊かな心	2 (18.2)	豊かな心	14 (38.9)
	心の教育	2 (18.2)	心の教育	14 (38.9)
	広い心	1 (9.1)	他者を思いやる心	6 (16.7)
	温かい心	1 (9.1)	たくましい心	2 (5.6)
	燃える心	1 (9.1)	心が通う	2 (5.6)
	心ふれあう	1 (9.1)	心のふれあい	2 (5.6)
	他者を思いやる	1 (9.1)	潤いのある心	1 (2.8)
	心を大切にする	1 (9.1)	心をはぐくむ	1 (2.8)
	心にゆとり	1 (9.1)	互いに認め合う	1 (2.8)
	たくましい心	1 (9.1)	開かれた心	1 (2.8)
	協力しあう心	1 (9.1)	やさしさ	1 (2.8)

2．各校の教育目標における子どもの生命・健康の位置づけ

　それでは、各学校の教育目標においては、子どもの生命・健康の位置づけはどうであろうか。全国都道府県の行政機関対象の調査と同時期に全国の小・中・高校の現職養護教諭対象に質問紙調査[16)17)]を実施した。期間は2000

年 7 月20日〜10月30日であった。その際に、自校の教育目標の添付を依頼し、添付のあった221校（小75校・中70校・高76校）を分析対象とした。

　各校の教育目標の内容は表 1 - 8 に示すように、全体では「心・豊かな心」「身体の健康・たくましさ」が約 8 割を占め、「生命尊重」は3.6％と低かった。各教育委員会の教育施策では必ずしも高いとはいえなかった「心身の健康」については「身体の健康」と表現され、行政機関の「たくましさ」主体のとらえ方よりも概念が広くなっているとともに、その割合も高い。2000年代に入って、子どもの健康が話題にされ、注目されるようになってきたことを、学校教育現場で敏感に反映されていると捉えられる。しかしながら、生命尊重は2000年において重要視されているとは言い難い。校種別にみた教育目標の内容（表 1 - 8）をみると、「心・豊かな心」はどの校種でも 7 〜 9 割を占めているのに対して、「身体の健康・たくましさ」は小・中 8 割に対して、高校 6 割、「生命尊重」はいずれも上位10位には入っていない。しかしながら、養護教諭が子どもに対して学校全体から感じられる印象（表 1 - 9 ）は、「生命が尊重されている」53.0％、「身体の健康が尊重されている」36.8％、「心の健康が尊重されている」54.9％であり、各校の教育目標には言葉としては盛り込まれていないけれども、学校全体の印象は、約 5 割において「生命尊重」を感じとっていた。しかし、100％ではなかった[18]。2000年までは学校の安全神話が通用していた時代だったと推測する。2001年の大阪教育大学附属池田小学校の無差別殺傷事件発生[19]から、2008年文部科学省中央教育審議会「子どもの心身の健康を守り、安全・安心を確保するために学校全体としての取組を進めるための方策について」（答申）[20]、同年 6 月学校保健安全法改正、2009年 4 月同法施行へと続き、学校において、子どもの生命尊重は第一義的に守らなければならないものとなった。なお、養護教諭の執務に対する管理職と教職員の理解と評価を学校の子どもに対する印象との関わりでみると、「生命尊重」「身体の健康尊重」「心の健康尊重」「個性重視」選択群では、非選択群より、理解や評価が高い傾向がみられた[21]（表 1 - 10，表 1 - 11）。

表1−8　各校の教育目標の内容

校数（%）

	小学校 n=75	中学校 n=70	高校 n=76	全体 N=221
1．心・豊かな心 *	69(92.0)	60(85.7)	56(73.7)	185(83.7)
2．身体の健康・たくましさ **	66(88.0)	59(84.3)	47(61.8)	172(77.8)
3．学び・知性	47(62.7)	53(75.7)	50(65.8)	150(67.9)
4．自主性・主体性 **	19(25.3)	34(48.6)	39(51.3)	92(41.6)
5．人間尊重・人間性 **	18(24.0)	17(24.3)	34(44.7)	69(31.2)
6．実践力・行動力	21(28.0)	22(31.4)	18(23.7)	61(27.6)
7．国際社会・社会の形成者	6(8.0)	15(21.4)	38(50.0)	59(26.7)
8．創造性	18(24.0)	18(25.7)	21(27.6)	57(25.8)
9．社会性・協調	22(29.3)	12(17.1)	16(21.1)	50(22.6)
10．生きる力	25(33.3)	14(20.0)	2(2.6)	41(18.6)
11．勤労	2(2.7)	8(11.4)	28(36.8)	38(17.2)
12．がんばる子・忍耐力	17(22.7)	13(18.6)	7(9.2)	37(16.7)
13．意欲・意志	8(10.7)	16(22.9)	12(15.8)	36(16.3)
14．公正・正義	5(6.7)	12(17.1)	15(19.7)	32(14.5)
15．個性	3(4.0)	6(8.6)	22(28.9)	31(14.0)
16．郷土や自然を愛する	8(10.7)	5(7.1)	8(10.5)	21(9.5)
17．礼儀・規律を守る	3(4.0)	5(7.1)	12(15.8)	20(9.0)
18．責任	1(1.3)	5(7.1)	12(15.8)	18(8.1)
19．平和を愛する	1(1.3)	3(4.3)	7(9.2)	11(5.0)
20．安全	3(4.0)	1(1.4)	5(6.6)	9(4.1)
21．奉仕・ボランティア	0(0.0)	3(4.3)	6(7.9)	9(4.1)
22．生命尊重	2(2.7)	5(7.1)	1(1.3)	8(3.6)
23．表現力	2(2.7)	2(2.9)	1(1.3)	5(2.3)
24．基本的生活習慣	0(0.0)	2(2.9)	2(2.6)	4(1.8)
25．環境美化	0(0.0)	0(0.0)	3(3.9)	3(1.4)

χ^2検定．*:p<0.05，**:p<0.01，df=2

表1−9　子どもに対して学校全体から感じられる印象

3項目選択；複数回答，人（%）

印象	小　n=91	中　n=82	高　n=93	全体　N=266
生命が尊重されている **	64(70.3)	41(50.0)	36(38.7)	141(53.0)
身体の健康が尊重されている	37(40.7)	28(34.1)	33(35.5)	98(36.8)
心の健康が尊重されている *	58(63.7)	49(59.8)	39(41.9)	146(54.9)
学力が重視されている **	21(23.1)	36(43.9)	43(46.2)	100(37.6)
体力が重視されている	14(15.4)	16(19.5)	19(20.4)	49(18.4)
個性が重視されている	38(41.8)	31(37.8)	25(26.9)	94(35.3)
その他	6(6.6)	8(9.8)	20(21.5)	34(12.8)

χ^2検定．*:p<0.05，**:p<0.01，df=2

第 1 章　養護学の系譜　　15

表 1-10　子どもに対する学校全体の印象と養護教諭の執務に対する理解との関わり

人（%）

子どもに対する学校全体の印象			養護教諭の執務に対する管理職の理解			
			ある	普通	ない	NA
生命が尊重されている	選択	n＝141	65（46.1）	62（44.0）	11（ 7.8）	3（ 2.1）
	非選択	n＝125	49（39.2）	55（44.0）	17（13.6）	4（ 3.2）
身体の健康が尊重されている	選択	n＝98	39（39.8）	51（52.0）	7（ 7.1）	1（ 1.0）
	非選択	n＝168	75（44.6）	66（39.3）	21（12.5）	6（ 3.6）
心の健康が尊重されている **	選択	n＝146	71（48.6）	63（43.2）	8（ 5.5）	4（ 2.7）
	非選択	n＝120	43（35.8）	54（45.0）	20（16.7）	3（ 2.5）
学力が重視されている	選択	n＝100	39（39.0）	46（46.0）	12（12.0）	3（ 3.0）
	非選択	n＝166	75（45.2）	71（42.8）	16（ 9.6）	4（ 2.4）
体力が重視されている	選択	n＝49	14（28.6）	26（53.1）	7（14.3）	2（ 4.1）
	非選択	n＝217	100（46.1）	91（41.9）	21（ 9.7）	5（ 2.3）
個性が重視されている	選択	n＝94	47（50.0）	37（39.4）	7（ 7.4）	3（ 3.2）
	非選択	n＝172	67（39.0）	80（46.5）	21（12.2）	4（ 2.3）

子どもに対する学校全体の印象			養護教諭の執務に対する教職員の理解			
			ある	普通	ない	NA
生命が尊重されている	選択	n＝141	53（37.6）	77（54.6）	8（ 5.7）	3（ 2.1）
	非選択	n＝125	35（28.0）	70（56.0）	15（12.0）	5（ 4.0）
身体の健康が尊重されている *	選択	n＝98	33（33.7）	60（61.2）	3（ 3.1）	2（ 2.0）
	非選択	n＝168	55（32.7）	87（51.8）	20（11.9）	6（ 3.6）
心の健康が尊重されている **	選択	n＝146	57（39.0）	79（54.1）	5（ 3.4）	5（ 3.4）
	非選択	n＝120	31（25.8）	68（56.7）	18（15.0）	3（ 2.5）
学力が重視されている *	選択	n＝100	33（33.0）	48（48.0）	15（15.0）	4（ 4.0）
	非選択	n＝166	55（33.1）	99（59.6）	8（ 4.8）	4（ 2.4）
体力が重視されている **	選択	n＝49	9（18.4）	29（59.2）	9（18.4）	2（ 4.1）
	非選択	n＝217	79（36.4）	118（54.4）	14（ 6.5）	6（ 2.8）
個性が重視されている	選択	n＝94	33（35.1）	52（55.3）	6（ 6.4）	3（ 3.2）
	非選択	n＝172	55（32.0）	95（55.2）	17（ 9.9）	5（ 2.9）

χ² 検定（検定は NA を除いている），*:p<0.05，**:p<0.01，df＝2

表1-11 子どもに対する学校全体の印象と養護教諭の執務に対する評価との関わり

人（%）

子どもに対する学校全体の印象		養護教諭の執務に対する管理職の評価				
		高い	普通	低い	NA	わからない
生命が尊重されている *	選択 n=141	22(15.6)	106(75.2)	10(7.1)	3(2.1)	0(0.0)
	非選択 n=125	25(20.0)	75(60.0)	18(14.4)	6(4.8)	1(0.8)
身体の健康が尊重されている	選択 n=98	19(19.4)	66(67.3)	10(10.2)	2(2.0)	1(1.0)
	非選択 n=168	28(16.7)	115(68.5)	18(10.7)	7(4.2)	0(0.0)
心の健康が尊重されている **	選択 n=146	32(21.9)	98(67.1)	8(5.5)	7(4.8)	1(0.7)
	非選択 n=120	15(12.5)	83(69.2)	20(16.7)	2(1.7)	0(0.0)
学力が重視されている	選択 n=100	15(15.0)	70(70.0)	14(14.0)	1(1.0)	0(0.0)
	非選択 n=166	32(19.3)	111(66.9)	14(8.4)	8(4.8)	1(0.6)
体力が重視されている	選択 n=49	9(18.4)	29(59.2)	8(16.3)	3(6.1)	0(0.0)
	非選択 n=217	38(17.5)	152(70.0)	20(9.2)	6(2.8)	1(0.5)
個性が重視されている	選択 n=94	21(22.3)	62(66.0)	8(8.5)	3(3.2)	0(0.0)
	非選択 n=172	26(15.1)	119(69.2)	20(11.6)	6(3.5)	1(0.6)

子どもに対する学校全体の印象		養護教諭の執務に対する教職員の評価				
		高い	普通	低い	NA	わからない
生命が尊重されている	選択 n=141	20(14.2)	105(74.5)	13(9.2)	3(2.1)	0(0.0)
	非選択 n=125	18(14.4)	82(65.6)	18(14.4)	5(4.0)	2(1.6)
身体の健康が尊重されている	選択 n=98	18(18.4)	65(66.3)	12(12.2)	1(1.0)	2(2.0)
	非選択 n=168	20(11.9)	122(72.6)	19(11.3)	7(4.2)	0(0.0)
心の健康が尊重されている *	選択 n=146	24(16.4)	104(71.2)	10(6.8)	6(4.1)	2(1.4)
	非選択 n=120	14(11.8)	83(69.7)	21(17.5)	2(1.7)	0(0.0)
学力が重視されている	選択 n=100	13(13.0)	68(68.0)	18(18.0)	1(1.0)	0(0.0)
	非選択 n=166	25(15.1)	119(71.7)	13(7.8)	7(4.2)	2(1.2)
体力が重視されている	選択 n=49	5(10.2)	32(65.3)	9(18.4)	3(6.1)	0(0.0)
	非選択 n=217	33(15.2)	155(71.4)	22(10.1)	5(2.3)	2(0.9)
個性が重視されている	選択 n=94	16(17.0)	67(71.3)	8(8.5)	3(3.2)	0(0.0)
	非選択 n=172	22(12.8)	120(69.8)	23(13.4)	5(2.9)	2(1.2)

χ^2検定（検定は NA，わからないを除いている），*:p<0.05，**:p<0.01，df=2

3. 養護教諭に関する学会発表演題の動向から

　学校における子どもの生命・健康の位置づけは、教育行政と各校の教育目標や実情から必ずしも重要な位置にはなかったことが捉えられた。そこで学校において児童生徒の生命を守り健康の保持増進を専門的に担う養護教諭に関する研究の状況はどうであったかのか探ってみた[22]。対象は、日本学校保健学会（以下Gとする）第1回（1954年）〜第50回（2003年）の発表演題のうち該当するもの631題と日本養護教諭教育学会（以下Yとする）第1回（1993年）〜第11回（2003年）の発表演題のうち同77題、合計708題である（表1-12）。年代区分は表1-13のとおりである。

　各学会の養護教諭に関する研究の演題数の推移は図1-3に示すように、漸次増加していることがわかる。我が国で養護教諭を学会の名称に冠する学会が誕生後に、養護教諭研究が飛躍的に前進したことはいうまでもない。演題内容の年次推移（表1-14）を見ると、職務の特定領域が最も高くなっている。そこで、特定領域の内容（表1-15）を見ると、健康相談が最も高い割合を占めた。とはいえ1980年代半ばまでは演題は少なく、1980年代半ばからようやく子どもの心身の健康に関する養護教諭の研究が着手された。

　残念ながら、教育基本法制定から約半世紀の間は、教育行政においても、学校においても、学校教育における子どもの生命・健康の位置づけは低いといわざるをえず、子どもの心身の健康の保持増進を司る養護教諭の研究においても研究対象とはなり得ていなかったことがうかがわれる。しかし、このような背景を経て、2000年代に入り養護教諭に関わる学術学会が相次いで設立され、研究に拍車がかかり養護学の理論構築に邁進している。

表1-12 研究対象

学会名	演題数（%）
日本学校保健学会	631(89.1)
日本養護教諭教育学会	77(10.9)
計	708(100.0)

表1-13 年代区分

期	年代
I	1954 〜 1963
II	1964 〜 1973
III	1974 〜 1983
IV	1984 〜 1993
V	1994 〜 2003

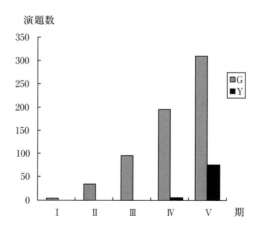

図1-3 養護教諭に関する研究の演題数の推移

第1章 養護学の系譜　19

表 1-14　養護教諭に関する研究の演題の内容

題（％）

分類項目	G　n＝631	Y　n＝77	全体　N＝708
職務の特定領域	256(40.6)	25(32.5)	281(39.7)
養成・教育	87(13.8)	16(20.8)	103(14.5)
職務の種類と量	78(12.4)	6(7.8)	84(11.9)
行政・制度	47(7.4)	8(10.4)	55(7.8)
役割・機能	48(7.6)	6(7.8)	54(7.6)
モラール・適応	39(6.2)	3(3.9)	42(5.9)
組織・連携	14(2.2)	4(5.2)	18(2.5)
歴史	13(2.1)	3(3.9)	16(2.3)
評価	12(1.9)	0	12(1.7)
原理	7(1.1)	1(1.3)	8(1.1)
その他	30(4.8)	5(6.5)	35(4.9)

表 1-15　特定領域の内容

題（％）

内容	G　n＝256	Y　n＝25	全体　N＝281
健康相談	77(30.1)	10(40.0)	87(31.0)
児童生徒との対応	38(14.8)	2(8.0)	40(14.2)
保健指導	21(8.2)	4(16.0)	25(8.9)
救急処置	22(8.6)	1(4.0)	23(8.2)
保健授業	15(5.9)	3(12.0)	18(6.4)
保健室登校	15(5.9)	0	15(5.3)
医療的ケア	11(4.3)	3(12.0)	14(5.0)
医療管理下の児童に対する関わり	12(4.7)	1(4.0)	13(4.6)
健康診断	11(4.3)	0	11(3.9)
摂食障害	6(2.3)	0	6(2.1)
事例検討	3(1.2)	1(4.0)	4(1.4)
予防接種・伝染病	4(1.6)	0	4(1.4)
喫煙防止教育	4(1.6)	0	4(1.4)
性教育	4(1.6)	0	4(1.4)
児童生徒の人間関係	3(1.2)	0	3(1.1)
精神保健	3(1.2)	0	3(1.1)
その他	7(2.7)	0	7(2.5)

文献

1）斉藤ふくみ・小瀬古貴子・木下正江・森よし江：養護教諭対象の聞き取り調査（3）─宮本常一の民俗学的手法を参考に─，第61回日本学校保健学会講演集，56（Suppl.），157，2014（森よし江氏のインタビュー逐語録より）

2）茨城大学養護教諭養成所十年史刊行委員会：茨城大学養護教諭養成所十年史，東山書房，1978

3）大谷尚子・中桐佐智子編：新養護学概論，20，東山書房，2009

4）田中建彦：大学の起源と学問の自由，長崎県看護大学紀要，7，93-94，2005

5）カール・ヤスパース：大学の理念（森昭訳），157-159，理想社，1966

6）カール・ヤスパース：大學の本質（桑木務編），38-39，一時間文庫，1955

7）杉浦守邦：予防医学，4，9-10，東山書房，1983

8）水野宏：教育の原点としての生命・健康─学校保健学原論あるいは保健教育学原論のための覚書─，名古屋大学医学部公衆衛生学教室25年のあゆみ─水野宏教授退官記念論文集，121-127，1976

9）大西泰斗・ポール・マクベイ：音声DL　BOOK　NHKラジオ英会話　語順でシンプル　英語文法マップ，93-94，NHK出版，2022

10）前川峯雄・寿原健吉・長尾十三二・東洋編：身体と教育，教育学全集10，2，小学館，1968

11）江橋慎四郎・高石昌弘編：健康と身体の教育，教育学講座14，ⅲ，学研，1979

12）斉藤ふくみ・天野敦子：学校教育における子どもの生命・健康の位置づけに関する研究第1報：教育行政における教育目標の分析を通して，熊本大学教育学部紀要人文科学，50，231-242，2001

13）文部科学省初等中等教育局児童生徒課長：「令和3年度　児童生徒の問題行動・不登校等生徒指導上の諸課題に関する調査結果について」（通知），4 初児生第21号，令和4年10月27日

14）宇井治郎：生命，184，現代教育目標事典，ぎょうせい，1978

15）河合隼雄：特別講演Ⅰ「心の健康」とはなにか，第41回日本学校保健学会講演集，61-64，1994

16）斉藤ふくみ・小田徳彦・天野敦子：学校教育における子どもの生命・健康の位置づけに関する研究第2報，養護教諭の執務との関連を中心に，熊本大学教育学部紀要人文科学，51，272-286，2002

17）斉藤ふくみ・小田徳彦・天野敦子：学校教育における子どもの生命・健康の位置づけに関する研究第3報，各校の教育目標との関連を中心に，熊本大学教育学部紀

要，52，123-132，2003

18）前掲書16），276

19）別紙「附属池田小学校事件の概要」：国立大学法人大阪教育大学HP，https://osaka-kyoiku.ac.jp/university/emergency/safety/fuzoku_ikd/jikengaiyo.html（アクセス日；2023年7月2日）

20）中央教育審議会：「子どもの心身の健康を守り、安全・安心を確保するために学校全体としての取組を進めるための方策について」（答申），2008

21）前掲書16），285

22）斉藤ふくみ・堀内久美子：養護教諭に関する学会発表演題の動向，日本学校保健学会および日本養護教諭教育学会の分析から，熊本大学教育学部紀要人文科学，53，123-131，2004

第2章　養護実践研究の歩み

第1節　養護教諭の職務から養護実践へ

　教育実践と養護実践のこれまでの系譜を図2-1に示した。学校においては、大正末期から昭和初期にかけて、生活綴り方運動が全国に広がりを見せ、教育実践として盛んだった[1]。仲島は、当時の教育実践を「子どもの立っている、生活の現実を大切にし、その生活台に根ざす子どもの素朴な願い、要求を取り上げ、それらを大切にし、解決し、豊かに実らせる学校教育を作り上げようと必死で実践した」[2]と述べている。教育実践に関する研究論文に目を向ける（CiNii検索）と、教育実践という言葉が研究論文に取り上げられ

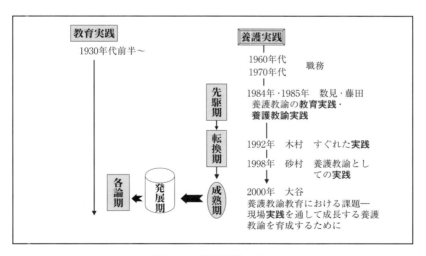

図2-1　養護実践の歩み

るようになったのは、昭和8 (1933) 年栗下の論文[3]が初めである。

　一方、養護教諭については、数見は「やらざるをえない仕事を忠実にやりこなしていく仕事（職務）ではなく、子どもの現実に即して何をなすべきかを考え、課題意識をもって目的意識的に自分の仕事を追究することが実践そのものである」[4]と述べ、養護教諭の実践に解釈を与え、方向性を示した。そこで、養護教諭の実践に関して、ここでは、養護教諭にかかわる学会の研究の動向から研究テーマや現職の養護教諭の研究を探ってみた。

　我が国で養護教諭を名に冠した日本養護教諭教育学会が設立されたのは1997年（前身の全国養護教諭教育研究会が設立されたのは1992年）である。そこで、それ以前については、1954年設立の日本学校保健学会の学会誌・講演集を見ると、1960年〜1970年代は論文・発表のタイトルは養護教諭の「職務」が主であった。その背景には、教育職員免許法において養護に関する科目の名称が「学校保健（養護教諭の職務を含む）」と規定されていたことがあるだろう。たとえば、日本学校保健学会学術集会のシンポジウムに着眼すると、第15回日本学校保健学会 (1968年) において村上賢三他「養護教諭の職務内容とその養成」[5]、第19回日本学校保健学会 (1972年) において、福留ハナ他「養護教諭の職務と今日的課題」[6]がある。研究論文では、長沢 (1962年)[7]、小倉 (1963年)[8]が養護教諭の職務をテーマとした研究論文の先駆けである。他には、「公衆衛生」誌に1956年掲載の千葉の「養護教諭の職務」[9]が見られる。

　1970年代には、小倉[10]が「養護教諭 その専門性と機能」を著し、養護教諭が単にやらなければならない職務を羅列するのではなく、どんな成果を求めてどんな機能を果たさなければならないのかということがその専門性確立に繋がることを強調した。小倉の理論は、その後の養護教諭研究に多大な影響を与えた。小倉は1970年代から養護教諭の実践に基づいて教育機能を解明し[11]、これらの研究成果をもとに1985年出版の「養護教諭 その専門性と機能」改訂版では、養護教諭の機能に「人間形成の教育機能」を追加した[12]。小倉の他にも1980年代に入り、教育（学）的な視点から養護教諭の実践のあ

り方について一定のまとまりをもって論じる研究的成果[13]として数見・松田「養護教諭の教育実践」[14]、藤田「養護教諭実践論」[15]、藤田ら「養護教諭実践の創造」[16]が相次いで刊行された。このように新たな養護教諭像を構築する作業が行われ始め[17]、これらの養護教諭に関する実践研究の成果は養護教諭や研究者に対して、養護教諭の実践の持つ意味の再確認あるいは追究へと誘ったといえる。藤田は1980年代に入った頃から、養護教諭の教育実践の質的高まりを受けて養護教諭像は変わりつつあると述べており[18]、1980年代はそれまでも養護教諭は脈々と実践を積み重ねてきたのだけれども、改めてその価値に光が当てられた時期と捉えられ、養護実践の先駆期とした。

　1990年代に入り、第39回日本学校保健学会（1992年）のシンポジウム「学校保健と養護教諭の役割」のシンポジスト木村は「養護教諭のすぐれた実践から学ぶ―子どもたちの健康を守り・育てる教育実践とは―」[19]を発表した。学会講演集では、この木村のタイトルが「養護教諭」と「実践」を用いた最初である。

　その後、第44回日本学校保健学会（1997年）のシンポジウムでは、堀内らにより「養護活動を支える理論の構築にむけて」[20]が、さらに1999年日本養護教諭教育学会第5回研究大会のパネルディスカッションにおいて後藤らにより「養護教諭の研究能力とは―よりよい養護活動をめざして―」[21]の2本の企画において、「養護活動」の言葉が用いられている。堀内[20]は、養護教諭の実践の学としての確立に向けて養護活動を深く追究する立場から、後藤[21]は、養護実践の質を高めるような研究を論点として、そのためのよりよい養護活動を追究する立場から企画している。両者ともタイトルに養護活動を用いているものの、議論の目指すところは養護実践であることがうかがえる。

　さらに日本養護教諭教育学会第6回学術集会（1998年）のシンポジウムにおいて砂村は「養護教諭としての実践の中で得たこと、学んだこと」[22]をテーマに発表した。このように1990年代は、職務から活動へ、そして実践へと学術発表の場での言葉の転換が図られた時期と捉えられ、養護実践の転換期と

した。

そして大谷は、第47回日本学校保健学会（2000年）のシンポジウム「養護教諭教育（養成・採用・現職教育）における課題―現場実践を通して成長する養護教諭を育成するために―」[23]をコーディネイトした。このシンポジウムを機に、研究論文で使用される用語は養護教諭実践及び養護実践にとって替わる。

2000年代に入り、日本学校健康相談学会が2004年に、日本健康相談活動学会が2005年に、日本学校救急看護学会が2006年に設立された。そこで先の2学会に加えて5学会に掲載された特集（寄稿文を含む）・論文のうち、タイトルに（養護教諭の）「実践」「活動」「職務」という言葉が入ったものを検索した結果を図2-2[24]に示す。1998年の「活動」の入ったものは、日本養護教諭教育学会誌創刊に寄せた高石の寄稿文[25]であり、子どもの健康課題解決のキーパーソンとして、養護教諭の教育活動への期待が述べられている。大谷のシンポジウム後、2001年より「実践」がタイトルに入った特集・論文が急増した。とりわけ3学会が相次いで設立され、学会誌が発刊されたことを受けて論文数が増加している。これらを受け2000年代は、養護教諭の実践を研

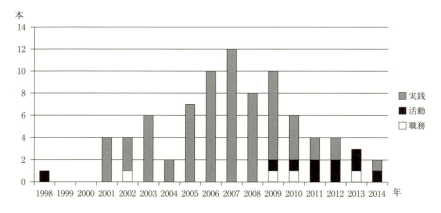

図2-2　「実践」「活動」「職務」という言葉がタイトルに用いられた特集・論文数

究する実践研究が成熟した時期（成熟期）と捉えられ、発展期を迎える。

　その後、2009年から養護教諭の「活動」が増えてきた。この動きは、養護教諭の実践が自明のものとして浸透していった、あるいは実践という包括的な括りからより細分化されて実践を追究する各論期に移行しているものと捉えられる。

第2節　現職養護教諭による実践研究の動向

　先に示した養護教諭関係の5学会の学会誌に掲載された現職養護教諭が筆頭者である（在職中に大学院生として発表したものを含む）研究論文をまとめたもの（特集を除く）が表2-1[24]である。

　対象としたのは、日本養護教諭教育学会誌創刊号が発刊された1998年3月を起点として、日本学校保健学会は1998年4月からとし、2014年4月までに発表された論文である。論文総数は162本、学校保健研究63本が最も多くを占めているものの、他の4学会誌が全体の6割強を占めている。とりわけ、2005年～2013年の論文数をみると、2012年の18本を最高に毎年10本以上となっている（図2-3，p.30）。1954年から2003年の学会発表演題の調査[26]では、発表者が研究者の割合は45.1％、研究者＋現職養護教諭は28.5％、現職養護教諭は13.3％であった（表2-2）。この調査から10年の間に現職養護教諭は、

表2-1　各学会誌における養護教諭が筆頭者である研究論文数（特集を除く）

(N＝162)

学会誌	対象	論文数	備考
学校保健研究	1998年4月～2014年4月	63	隔月発刊、年6冊
日本養護教諭教育学会誌	創刊号（1998年3月）～2014年3月	43	年1冊、2011年度より2冊
学校健康相談研究	創刊号（2005年3月）～2014年3月	32	年2冊
日本健康相談活動学会誌	創刊号（2006年2月）～2014年4月	21	年1冊
学校救急看護研究	創刊号（2008年2月）～2014年3月	3	年1冊

※『学校保健研究』は、『日本養護教諭教育学会誌』創刊後を対象とした。

表 2 - 2　養護教諭に関する研究の演題発表者の所属

題（％）

所属	日本学校保健学会 n＝631	日本養護教諭教育学会 n＝77	全体 N＝708
大学 **	295（46.8）	24（31.2）	319（45.1）
大学＋現職	176（27.9）	26（33.8）	202（28.5）
現職	81（12.8）	13（16.9）	94（13.3）
現職＋その他	29（ 4.6）　305	7（ 9.1）　49	36（ 5.1）
大学＋現職＋その他	19（ 3.0）（48.3）	3（ 3.9）（63.6）	22（ 3.1）
大学＋その他	10（ 1.6）	0	10（ 1.4）
その他	21（ 3.3）	4（ 5.2）	25（ 3.5）

**:p<0.01
*:p<0.05

*

※調査期間：1954年〜2003年

　自ら論文を書くということが一般化したと言え、まさに実践する当事者が研究する時代である。

　現職養護教諭の研究論文のテーマ（表 2 - 3 ）[24]をみると、「健康相談・健康相談活動」が17本（10.5％）を占め最も多い。次いで「来室者の対応」16本（9.9％）、「保健室登校」13本（8.0％）、「頻回来室・不定愁訴」4 本（2.5％）となっており、上位 3 位は養護教諭が子どもの現実に即して、目的を持って行う日々の実践の中で最も時間をかけ心を尽くしている子どもへの対応であり、全体の約 3 割を占めている。「養護」「養護教諭の能力」「養護教諭の役割・職務・実践」は、養護教諭の原理的な研究であり、約 1 割を占める。「健康教育」「性教育」「ストレスマネジメント」「保健学習」「薬物・飲酒・喫煙」「個別指導」の健康教育領域は 2 割を占めている。その他「救急処置」7 本（4.3％）、「健康診断」3 本（1.9％）、「委員会活動」2 本（1.2％）も養護教諭の実践を対象とした研究論文である。養護教諭は、日々自らの実践をテーマに取り上げ研究して実践研究としてまとめていることが窺える。

　学会誌ごとにみると、学校保健研究は「生活習慣」が、日本養護教諭教育学会誌は「健康教育」が、学校健康相談研究は「来室者の対応」が、日本健

表2-3 各学会誌の筆頭筆者が養護教諭の研究論文のテーマ（特集を除く）

本（％）

テーマ	学校保健研究 n＝63	日本養護教諭教育学会誌 n＝43	学校健康相談研究 n＝32	日本健康相談活動学会誌 n＝21	学校救急看護研究 n＝3	全体 N＝162
健康相談、健康相談活動	2（3.2）	4（9.3）	6（18.8）	5（23.8）	0	17（10.5）
来室者の対応	3（4.8）	3（7.0）	9（28.1）	1（4.8）	0	16（9.9）
保健室登校	6（9.5）	1（2.3）	4（12.5）	2（9.5）	0	13（8.0）
頻回来室・不定愁訴	2（3.2）	1（2.3）	1（3.1）	0	0	4（2.5）
養護	0	3（7.0）	3（9.4）	0	0	6（3.7）
養護教諭の能力	1（1.6）	4（9.3）	0	0	0	5（3.1）
養護教諭の役割・職務・実践	3（4.8）	1（2.3）	0	0	0	4（2.5）
健康教育	2（3.2）	5（11.6）	0	1（4.8）	0	8（4.9）
性教育	5（7.9）	0	0	2（9.5）	0	7（4.3）
ストレスマネジメント	4（6.3）	0	0	1（4.8）	0	5（3.1）
保健学習	3（4.8）	2（4.7）	0	0	0	5（3.1）
薬物・飲酒・喫煙	5（7.9）	0	0	0	0	5（3.1）
個別指導	0	3（7.0）	0	0	0	3（1.9）
生活習慣	7（11.1）	1（2.3）	0	2（9.5）	0	10（6.2）
救急処置	2（3.2）	1（2.3）	1（3.1）	0	3（100.0）	7（4.3）
健康問題	4（6.3）	1（2.3）	0	0	0	5（3.1）
障害	3（4.8）	1（2.3）	0	0	0	4（2.5）
精神衛生	1（1.6）	1（2.3）	0	2（9.5）	0	4（2.5）
自己効力感	1（1.6）	3（7.0）	0	0	0	4（2.5）
見立て	0	0	3（9.4）	0	0	3（1.9）
健康診断	2（3.2）	1（2.3）	0	0	0	3（1.9）
保健室の備品・位置	2（3.2）	0	0	0	0	2（1.2）
委員会活動	0	0	0	2（9.5）	0	2（1.2）
摂食障害	1（1.6）	1（2.3）	0	0	0	2（1.2）
連携	0	2（4.7）	0	0	0	2（1.2）
その他	4（6.3）	4（9.3）	5（15.6）	3（14.3）	0	16（9.9）

康相談活動学会誌は「健康相談・健康相談活動」が、学校救急看護研究は「救急処置」が最も高く、それぞれの学会誌の特徴が表れている。

第3節　現職養護教諭が用いている研究手法

　5学会誌の筆頭著者が養護教諭である研究論文に注目し、すべてを抽出して、用いられている研究手法をみた（図2-3）[24]。トライアンギュレーションは量的研究と質的研究を融合させた研究である[27]。1999年までは量的研究が多かったが、2000年より質的研究が増え、2005年は一挙に全体の8割を質的研究が占めた。これは2005年3月に学校健康相談研究創刊号が発刊されたことが背景にある。その後も質的研究が半数以上を占めている。さらに用いられている質的研究手法についてみると（表2-4）、全体では事例検討が最も多く22本（23.2%）、次いで「面接」が12本（12.6%）である。さらにコード化・カテゴリー化8本（8.4%）、M-GTAと記録の分析がともに7本（7.4%）、内容分析5本（5.3%）となっている。その他の手法をみると、看護概念創出法、

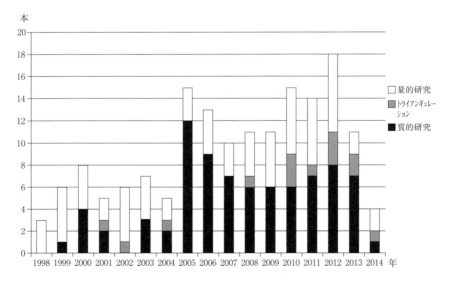

図2-3　5学会誌の筆頭筆者が養護教諭の研究論文の研究手法別にみた論文数（N=162）

表2-4　5学会誌の筆頭筆者が養護教諭の研究論文で用いている質的研究手法

（質的研究＋トライアンギュレーションの合計　n＝95）

	学校保健研究 n＝22	日本養護教諭 教育学会誌 n＝24	学校健康相談 研究 n＝29	日本健康相談 活動学会誌 n＝17	学校救急看護 研究 n＝3	全体 N＝95
事例検討	4(18.2)	2(8.3)	12(41.4)	4(23.5)	0	22(23.2)
面接	2(9.1)	6(25.0)	2(6.9)	1(5.9)	1(33.3)	12(12.6)
コード化・カテゴリー化	2(9.1)	2(8.3)	1(3.4)	3(17.6)	0	8(8.4)
M-GTA	3(13.6)	1(4.2)	2(6.9)	1(5.9)	0	7(7.4)
記録の分析	0	2(8.3)	5(17.2)	0	0	7(7.4)
内容分析	1(4.5)	2(8.3)	0	2(11.8)	0	5(5.3)
実践分析	0	2(8.3)	0	1(5.9)	1(33.3)	4(4.2)
KJ法	1(4.5)	2(8.3)	1(3.4)	0	0	4(4.2)
文献検討	1(4.5)	1(4.2)	1(3.4)	0	0	3(3.2)
エピソード分析	1(4.5)	0	2(6.9)	0	0	3(3.2)
授業研究	2(9.1)	1(4.2)	0	0	0	3(3.2)
その他	5(22.7)	3(12.5)	3(10.3)	5(29.4)	1(33.3)	17(17.9)

その他の質的研究手法：看護概念創出法(2)、フォーカスグループ(2)、GTA(1)、参与観察(1)、プロトコル分析(1)、活動計画の作成(1)、エスノグラフィー(1)、アクション・リサーチ(1)、会話分析(1)、その他(6)

フォーカスグループ、プロトコル分析、エスノグラフィー、アクション・リサーチ、会話分析など現職養護教諭が新しい質的分析手法に次々とチャレンジしていることが窺える。筆者が2009年に現職養護教諭の実践研究に着目して調査した時点では、M-GTA、内容分析、エピソード分析は少数であった[28]。なお、表2-4作成にあたっては、論文に記述された研究手法の言葉をそのまま集計し、重複を避けた。現段階では、養護教諭が用いる質的研究手法の定型的な文言の整理ができていないと考えられる。

　天野は「養護実践に関する質的研究が蓄積される必要があり、実践研究にかかわる独自の研究手法を構築することが求められる」[29]と述べた。現職養護教諭は、自らの実践をどのような手法で分析すれば最もその内実を明らかにすることができるのか模索していると言えよう。堀内[30]は、すぐれた養護教諭は日常の実践を研究的視点で検討し、よりよい実践へ高めていき、研究

者は実践に学びながら理論を創出し、実践による検証を経て理論の水準を高めていくと述べた。養護教諭と養護教諭の仲間、そして研究者等がともに力を合わせて養護教諭の実践を掘り下げて、その本質を理論化する営みを今後も継続して追究していくことによって、養護教諭の実践研究に最も的確な分析手法を見出せるかもしれない。

文献

1）仲島隆夫：生活指導の研究（承前），中部学院大学・中部学院大学短期大学部研究紀要，6，55，2005

2）前掲書1），65

3）栗下喜久治郎：作業教育實踐上の諸問題，學習研究，12（3），45-51，1933

4）数見隆生：教育保健学の構図—「教育としての学校保健」の進展のために，90，大修館書店，1989

5）村上賢三ほか：養護教諭の職務内容とその養成，日本学校保健学会第15回大会講演集，20，1968（京都）

6）福留ハナほか：養護教諭の職務と今日的課題，第19回日本学校保健学会講演集，102-112，1972（弘前）

7）長沢治恵：養護教諭職務内容の検討1，学校保健研究，4（8），42-46，1962

8）小倉学：学校保健と養護教諭の職務1，学校保健研究，5（1），15-21，1963

9）千葉たつ：養護教諭の職務，公衆衛生，19（4），1956

10）小倉学：養護教諭 その専門性と機能，143-145，東山書房，1970

11）菊池寿江・小倉学：養護教諭の教育機能に関する研究—現職養護教諭の経験事例を中心に—，健康教室，27（2），43-59，1976

12）小倉学：改訂養護教諭その専門性と機能，133-135，1985

13）藤田和也：養護教諭が担う「教育」とは何か 実践の考え方と進め方，24，農山漁村文化協会，2008

14）数見隆生・松田信子：養護教諭の教育実践，青木書店，1984

15）藤田和也：養護教諭実践論—新しい養護教諭像を求めて—，青木書店，1985

16）藤田和也・沢山信一・数見隆生編：シリーズ養護教諭実践の創造，青木書店，1988

17）沢山信一：養護教諭の実践と理論の動向—80年代を中心に—，教育，467，64，1986

18）前掲書15），ⅲ

19）木村龍雄：養護教諭のすぐれた実践から学ぶ―子どもたちの健康を守り・育てる教育実践とは―，第39回日本学校保健学会講演集，69-70，1992（名古屋）

20）堀内久美子・中安紀美子・中川勝子ほか：養護活動を支える理論の構築に向けて，第44回日本学校保健学会講演集，39（Suppl.），65-78，1997（松山）

21）後藤ひとみ・中安紀美子・森千鶴ほか：養護教諭の研究能力とは―よりよい養護活動をめざして―，日本養護教諭教育学会第5回研究大会抄録集，5-13，1997（愛教大）

22）砂村京子：養護教諭としての実践の中で得たこと、学んだこと―自らの成長過程の分析で見えてきた養護教諭としてのバックボーン―，日本養護教諭教育学会第6回研究大会抄録集，12-13，1998（茨城大学）

23）大谷尚子・砂村京子・塩田瑠美ほか：養護教諭教育（養成・採用・現職教育）における課題―現場実践を通して成長する養護教諭を育成するために―，第47回学校保健学会講演集，42（Suppl.），116-125，2000（福岡）

24）斉藤ふくみ：養護教諭関係学会において報告された養護教諭による実践研究の動向，学校健康相談研究，11（1），20-26，2014

25）高石昌弘：養護教諭の飛躍的な活動に期待する―「日本養護教諭教育学会誌」創刊を祝って―，日本養護教諭教育学会誌，1（1），2，1998

26）斉藤ふくみ・堀内久美子：養護教諭に関する学会発表演題の動向，日本学校保健学会および日本養護教諭教育学会の分析から，熊本大学教育学部紀要人文科学，53，123-131，2004

27）岡田加奈子：養護教諭に関連した質的研究とその課題，保健の科学，53（5），298，2011

28）斉藤ふくみ：養護教諭養成における研究能力の育成，保健の科学，51（8），540，2009

29）天野敦子：実践研究にかかわる研究手法の構築に期待する，日本養護教諭教育学会誌，9（1），1，2006

30）堀内久美子：養護教諭の今日的課題，学校保健研究，37（5），383-384，1995

第3章　養護教諭の研究的視点

第1節　保健室来室者の実態の可視化の試み

1．背景および目的

　筆者の修士課程の恩師堀内久美子先生より、大学院修了の際に「大学院で学んだのだから、養護教諭として勤務した後も研究を続けてください」との言葉をいただいた。養護教諭となった私の研究は、混沌とした養護教諭の日々の仕事を、どのように他者から理解してもらえるように整理して可視化するかについて考え続けることからスタートした。

　二校目の商業高校に異動したのは1980年代後半であり、高校生の不定愁訴をはじめ心的要因を抱え持った来室者が増加していた時期であった。それに伴い、養護教諭の対応も表面に表われた内科的・外科的症状に対する処置だけではなく、その生徒の心の問題にまで対応しなくては、保健室での救急処置そのものが成立しない状況にあった[1]。それまで、保健室来室者について論ずる時、いわゆる保健日誌などの公的記録統計をもとになされることが多かったように思われた。しかし、これらの数値と実際の来室者全体数とは必ずしも一致しない[2)3)4)]ことから、公的記録統計のみに着目して保健室来室者について論ずることは、実態を見落とすことになる[5]と思われた。

　そこで、養護教諭が保健室来室者に対して、なんらかの処置・指導をしたり、相談事例として記録に残した来室者だけでなく、その他の記録に残らない来室者にも注目して、保健室の実態を明らかにしようとした研究[6]を行ったので紹介する。

2．対象および方法

　調査対象は、F高等学校保健室来室者であり、F校の概況は表3-1、表3-2のとおりである。調査日は1989年4/11、12、13、14、17、19、20、26、5/8、10の10日間であった。調査方法は、小さな紙片を用意し、すべての保健室来室者の学年・性別・氏名・来室時刻・退室時刻・来室目的・行動をメモした。このようにして得られたデータを、タイムスタディに図式化し、来室理由・来室回数・記録の有無などについて分析した。

3．結果および考察

1）保健室来室者の学年および性別

　10日間の保健室来室者総数は、502名であり、在籍者のおよそ2倍であった（表3-3）。性別では男子が約3割、女子が約7割となっており、在籍者の男女比とほぼ対応していた。学年別にみると、1年生の来室者が少なくなっているが、これは入学式を終えて間もない時期であり、学校に慣れていないということや、上級生に対する遠慮などの理由が考えられる。

表3-1　生徒数

(H. 1. 5. 1　現在)

性別＼学年	1年	2年	3年	合計
男	35	29	33	97
女	55	59	47	161
計	90	88	80	258

表3-2　職員構成

職員＼人員	校長	教頭	教諭	養護教諭	実習助手	事務職員	事務生	公務補	計	技芸講師	校医	薬剤師
現員	1	1	16	1	1	2	1	1	24	1	2	1

第3章　養護教諭の研究的視点　　37

表3-3　保健室来室者の学年および性別

( ) ％

性別	男子										女子										合計
月日	4/11	4/12	4/13	4/14	4/17	4/19	4/20	4/26	5/8	5/10	4/11	4/12	4/13	4/14	4/17	4/19	4/20	4/26	5/8	5/10	
学年	火	水	木	金	月	水	木	水	月	水	火	水	木	金	月	水	木	水	月	水	
1年	2	0	0	0	0	0	0	0	1	0	0	0	5	0	0	3	0	0	1	0	12
計	3										9										
2年	5	3	2	1	0	2	0	6	1	9	15	18	22	23	24	25	21	30	27	32	266
計	29										237										
3年	11	10	8	13	11	10	8	14	11	13	7	11	7	2	17	10	12	9	19	9	212
計	109										103										
職員	1	1	1	0	2	0	0	1	1	1	0	2	1	0	0	0	0	0	1	0	12
計	8										4										
合計	19	14	11	14	13	12	8	21	14	23	22	31	35	25	41	38	33	40	47	41	502
計	149 (29.7)										353 (70.3)										(100.0)

2）タイムスタディからみた保健室の一日

　保健室の一日（4/26）を時間を追ってみたのが図3-1である。左側に各事例No.と学年および性別を示した。この図から、各休み時間帯に来室者の集中がみられること、また同一人が一日に数回来室していることがわかる。例えば、事例No.4の2年生女子は、泣きながら来室してきたため、相談的な対応の必要を感じたが、他に10名以上（No.5〜19、22）の来室者があったため、一旦ベッドで休養させ、気持ちが鎮まるのを待ちながら、他の生徒の対応を行った。しかし、来室者が途切れることなく来室したため（No.20、21、23〜42）、実際には9時41分〜11時48分まで保健室に在室していたにもかかわらず、この生徒に対する相談・支援は断片的なものとなってしまった事例であった。このように一人ひとりに対して十分時間をかけて聴取・観察する余裕がない[7]という点や、一つのことに集中することができるのはまれなことである[8]という点は、すでに指摘されていることであるが、本調査からも確認できる。また、事例No.5の2年女子は、1回目9時41分に風邪症状を

事例No.

	8:00	9:00	10:00	11:00	12:00	13:00	14:00	15:00	16:00	17:00	18:00
1 2f		①_相 ※									
2 2f		①_具									
3 2f		①_具									
4 2f											
5 2f			①_具 ※			②_不	③_不		③_具		
6 3m			①_血				②_そ		④_身		
7 3m			①_そ			②_不 ③_不					
8 3m			①_不			③_不 ④_そ	④_そ				
9 3m			①_不	②_具 ※							
10 3f			①_具 ※	※							
11 3f			①_具		②_そ			③_具			
12 2f			①_不		②_そ						
13 2f			①_不								
14 2f			①_連・血	②_具 ※							
15 2f			①_不	②_具 ※	②_具 ※			③_不			
16 3m			①_不	②_具 ※							
17 3f			①_不								
18 2f			①_不								
19 2f			①_不		②_血						
20 3m			①_具 ※			③_具 ※					
21 3f			①_血 ※								
22 職			①_そ								
23 3m			①_具 ※								
24 3f				①_具 ※							
25 3m			①_不				②_不				
26 3m			①_不				②_不				
27 3m			①_不			②_具					
28 3m			①_具 ※								
29 2m			①_具 ※			②_具 ※					
30 2m			①_具 ※								
31 2m			①_具 ※			②_具 ※	③_不				
32 2f			①_具			②_具 ※	②_具 ※				
33 3m					①_具 ※				④_具		
34 2f					①_具						
35 3f											

第3章 養護教諭の研究的視点　39

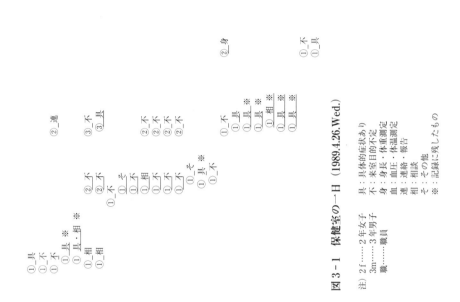

図3-1 保健室の一日 (1989.4.26.Wed.)

注) 2f……2年女子　具：具体的症状あり
　　3m……3年男子　不：来室目的不定
　　職……職員　　　身：身長・体重測定
　　　　　　　　　　血：血圧・体温測定
　　　　　　　　　　連：連絡・報告
　　　　　　　　　　相：相談
　　　　　　　　　　そ：その他
　　　　　　　　　　※：記録に残したもの

訴えて来室し、2回目11時30分に相談で来室、さらに3回目15時45分に軽い打撲で来室した。この生徒は、1回目の来室が記録として残った。同様に他の事例についても、すべて記録に残されているわけではないことが示されている。

3）記録に残った来室者数の全来室者数に占める割合について

全来室者のうち、記録に残った来室者の割合を示したものが表3-4である。来室者の実数でみた場合、10日間の平均で30.3%、また延べ来室者数でみてみると10日間の平均で20.0%が記録に残った来室者の割合である。この結果は、森田氏他による調査結果[9]とほぼ似通ったものとなっている。

4）保健室来室者の来室理由

来室理由別にみた保健室来室者延べ数を示したものが表3-5である。何

表3-4　記録に残った来室者数の全来室者数に占める割合

調査日	1	2	3	4	5	6	7	8	9	10	計
月　　日	4/11	4/12	4/13	4/14	4/17	4/19	4/20	4/26	5/8	5/10	
来室者実数（A）	41	45	46	39	54	50	41	61	61	64	502
記録した来室者実数（B）	7	9	13	12	18	12	14	27	23	17	152
$\frac{B}{A}$（%）	17.1	20.0	28.3	30.8	33.3	24.0	34.1	44.3	37.7	26.6	30.3
延べ来室者数（A'）	75	76	86	66	99	68	63	103	86	113	835
記録した延べ来室者数（B'）	8	10	15	12	18	13	17	30	25	19	167
$\frac{B'}{A'}$（%）	10.7	13.2	17.4	18.2	18.2	19.1	27.0	29.1	29.1	16.8	20.0

第3章　養護教諭の研究的視点　　41

表3-5　来室理由別にみた保健室来室者延べ数（重複あり）

（　）%

性別＼理由	具体的症状あり	来室目的不定	身体測定体重測定	血圧測定体温測定	連絡報告	相談	その他	計
男子	54 (18.2)	178 (60.2)	13 (4.4)	9 (3.0)	10 (3.4)	6 (3.0)	23 (7.8)	293 (100.0)
女子	175 (31.8)	207 (37.6)	30 (5.5)	7 (1.3)	28 (5.1)	60 (10.9)	43 (7.8)	550 (100.0)
職員	2 (15.4)	1 (7.7)	0	5 (38.4)	1 (7.7)	1 (7.7)	3 (23.1)	13 (100.0)
計	231 (27.0)	386 (45.0[*])	43 (5.0)	21 (2.5)	39 (4.6)	67 (7.8)	69 (8.1)	856 (100.0)

らかの具体的な症状があって来室した者は全体の27.0%であるのに対し、目的不定の者（なんとなく、あいまいに来室した者）は45.0%と最も高い割合を示している。来室目的不定の生徒の割合は、森田氏他による調査では51.1%[9]、今出氏他による調査では42.9%[10]という報告があり、類似した結果となっている。

　このような来室目的があいまいな来室者については、広島の養護教諭精神衛生研究グループが1986年より継続的に研究を行っており[11)-16)]、同グループは、「保健室へあいまいに来室する生徒にも、来室には意味がある」という視点を提示している。本調査においても、来室目的が不定と思われる生徒もなんらかの目的や理由があるのではないかと推察することができる。この点について、事例をあげて検討する。

【事例：2年女子】

　本生徒の来室経過は、図3-2のとおりである。この生徒は、4月11日、12日、13日にかけて来室目的が不定で来室し、13日の2回目来室時に初めて相談をしてきた事例である。この経過より、相談するまでは保健室の様子を見にきていた、あるいは相談する機会をうかがっていたのではないかと推測することができる。相談しようと思って来室した時には、他にたくさん生徒がいたために、相談できなかったのではないだろうか。この生徒の相談内

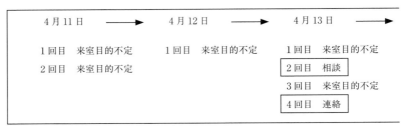

図3-2　来室経過（2年生女子）

容は、失恋したと思い込んで左前腕部にカミソリで自傷行為を行ったが、傷が深かったということと、縦横に何本も切ったため、どうしてよいかわからず来室したのであった。この相談をきっかけとして、14日以降の来室につながり、傷の消毒を含めた経過観察と、継続的な相談支援を行った。このように来室目的が不定と思われる生徒は、養護教諭が充分にその生徒に対応しきれていない、またはニーズを把握しきれていないということを示していると思われる。この事例のように観察不十分等により重要な所見を見落とす[17]ことにもなりかねない。たとえなんとなくあいまいに来室する生徒からも、なんらかのサインが出されているかもしれず、そのサインをとらえる養護教諭の着眼点と分析力[18]が重要であることを示唆している。

5）一日における同一人の来室回数について

　一日における同一人の来室回数について、来室理由とのかかわりをみたのが表3-6である。「血圧測定・体温測定」で来室した生徒は、全員1回の来室で終了している。次に「身長測定・体重測定」もほとんどの生徒が1回であり、「連絡・報告」も来室回数が少なくなっている。一方、「具体的症状あり」「相談」「来室目的不定」の生徒は、来室回数が多くなっている。このことから、生徒の側の来室目的が達成された場合には、来室回数が少なくて終了すると考えられるが、生徒の抱える問題が1回の来室で解決されないか、

第3章　養護教諭の研究的視点　43

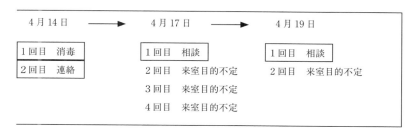

または目的が達成されない場合には、頻回に来室すると考えられる。また、「具体的症状あり」と「来室目的不定」に注目して、両者の来室回数についてχ^2検定をした結果（表3-7）、有意差が認められた（$p<0.01$）。このことから、目的不定と思われる生徒もなんらかの目的を持って来室しているが、養護教諭の受容や支持を得られないために頻回に来室していると捉えられる。

6)「具体的症状あり」で来室した生徒の来室傾向について

「具体的症状あり」で一日に2回以上来室した生徒のうち、経過観察のために来室したもの（同一症状）と、異なった症状で来室したものと比較したのが表3-8である。ここでいう経過観察のための来室というのは、①養護教諭側から「症状の経過を看るために」再来室するように指示した場合や、②養護教諭からの指示はしないが、生徒の側で「頭痛がひどくなった」とか「熱が上がってきたようだ」という来室ニーズがあって来室した場合などを示す。その結果、同一症状で経過観察のため来室した生徒は63.2％であり、異なった症状で来室した生徒は36.8％であった。なお、経過観察（同一症状）のため4回来室した生徒は、"過敏性腸症候群"である。

同じ日に異なった症状を訴えて数回来室する生徒は、表面上の訴えだけでなく、その背景にある問題にも心を配って、より注意深く対応する必要があると思われる。

表3-6　一日における同一人の来室回数について

( )%

項目	1回	2回	3回	4回	5回	6回	計	記録に残ったもの（重複あり）
具体的症状あり	男34 女112 職2　148 (79.6)	男7 女25　32 (17.2)	男2 女3　5 (2.7)	男0 女1　1 (0.5)			186 (100.0)	131
来室目的不定	男46 女128 職1　175 (68.4)	男21 女28　49 (19.1)	男16 女5　21 (8.2)	男4 女2　6 (2.3)	男4 女0　4 (1.6)	男1 女0　1 (0.4)	256 (100.0)	1
身長測定・体重測定	男13 女28　41 (97.6)	男0 女1　1 (2.4)					42 (100.0)	1
血圧測定・体温測定	男9 女7 職5　21 (100.0)						21 (100.0)	17
連絡報告	男8 女21 職1　30 (88.3)	男1 女2　3 (8.8)	男0 女1　1 (2.9)				34 (100.0)	0
相談	男4 女44 職1　49 (84.5)	男1 女6　7 (12.1)	男1 女0　1 (1.7)	男0 女1　1 (1.7)			58 (100.0)	23
その他	男17 女35 職3　55 (88.7)	男3 女4　7 (11.3)					62 (100.0)	2
計	男131 女375 職13　519 (78.8)	男33 女66　99 (15.0)	男19 女9　28 (4.2)	男4 女4　8 (1.2)	男4 女0　4 (0.6)	男1 女0　1 (0.2)	659 (100.0)	175

表3-7　一日における同一人の来室回数について

	1回のみ	2回以上	計
具体的症状あり	148 （79.6）	38 （20.4）	186 （100.0）
来 室 目 的 不 定	175 （68.4）	81 （31.6）	256 （100.0）
計	323 （73.1）	119 （26.9）	442 （100.0）

p<0.01

表3-8　「具体的症状あり」で一日に2回以上来室した生徒のうち、経過観察のため
　　　　に来室したもの（同一症状）と、異なった症状で来室したものとの比較

症状別 来室回数	経過観察（同一症状）	異なった症状	計
2回来室	19 （ 59.4）	13 （40.6）	32 （100.0）
3回来室	4 （ 80.0）	1 （20.0）	5 （100.0）
4回来室	1 （100.0）	0	1 （100.0）
計	24 （ 63.2）	14 （36.8）	38 （100.0）

4．今後の課題

　本研究は、対象校のみの調査であったが、今後は規模別・校種別に対象校
を増やして検証していくことが必要と思われる。養護教諭は、短い時間内に
大勢の生徒と対応しているため、一人ひとりの生徒と充分対応しきれていな
い状況にあるといえる。いろいろな子どもが、それぞれ多様なニーズをもっ
て、なんの前触れもなく、順不同でとび込んでくる[19]（傍点筆者）。養護教諭
は、これらの来室者に対してどのように対応していったらよいのか。また、
保健室での保健指導時間や相談時間が保証されていないという点や、それに
関連して、保健室利用について、なんらかのシステムが開発されることが望
まれる。さらに、日々の生徒との対応をいかに正確[20]に記録し、集積・整理
していくかについて、養護教諭の力量が問われている。これらについては、
本研究後30数年を経過した現在、「瞬間、一瞬、覚え書き、議事録」の意味
があるminutes[21]として保健室での養護教諭の日々の実践を記録し、集積す
るソフトウエアの開発やシステム化が待たれる。

第2節　研究的視点を探る養護教諭としての試み

１．背景および目的

　研究は、調べたり、考えたり、明らかにするといった探求行為であるが、これらの行為は「なぜ」「どうして」という疑問を持つことから始まる。養護教諭においても、何らかの動機やきっかけがあって、「問題（研究課題）の意識化」がなされることが研究活動の出発点[22]である。

　しかし、自分なりの課題を持って研究に取り組んでいる養護教諭がいる反面、日常の仕事に追われ、「何をどうして良いかわからない」「どこから手をつけていいのかわからない」「自分の仕事は研究とはかけ離れたものではないか」などの声が聞かれる。これは、計画的に執務をこなそうと考えていても、救急処置や生徒指導上の問題などといった突発的に生じた事柄に即応していかなければならないという現実によるものであろう。ここから、持ち込まれる事柄に対応はしているが、立ち止まって自分の仕事を見つめ直すゆとりがなく、その方法にも苦慮している養護教諭の姿が感じられる。

　筆者は、大規模高等学校に勤務している時に、錯綜した日々の仕事が終わった後、ふと今日は何をしたのだろうと考えたことがあった。そうしたところ、驚いたことに忙しかったという実感はあるけれども、何をしたのかにわかに思い出せないということに驚愕した。錯綜した日が連続していくと、ある日の仕事に次の日の仕事が上書きされていき、上書きが日々なされていって、自らの仕事が混沌としてしまったのである。流石にこれではいけないと心底焦った。そこで、試みに次の日から一日の仕事が終わった時に、朝から終業まで思い出して、時系列にノートにメモ書きすることを始めた。このような試みを90日間行った研究[23]を紹介する。

２．期間および方法

期間は1998年３月30日〜７月24日である。勤務校は、生徒数924名の普通科高校であった。毎日の執務内容を記録したものから『執務記録』を作成した。『執務記録』の作成手順は以下の４ステップからなった。

ステップ１；その日の仕事を振り返り、執務内容や感じたことを毎日書き留める。

ステップ２；１で書き留めた執務内容を『執務記録』の枠に箇条書きで整理する。

ステップ３；１で書き留めた一日の仕事を通して感じたことや問題点を整理し、執務内容との関係を明らかにする。

ステップ４；もっと学びたい・深めたいと思ったことを今後の課題として整理する。

３．結果

１）各ステップにおいて捉えた執務の特色

（1）ステップ１（手書きのメモ）

ステップ１〜４におけるポイントをまとめたのが図３-３である。ステップ１では、その日の仕事を振り返り、執務内容を朝から順に思い出して記録し、感じたことやより深めたいと思ったことを書き留めた。その例が表３-９である。この作業は、おもに帰宅後数時間たってから行った。

ステップ１でのポイントは、第１に様式にこだわらないで思うことを自由に書き留めること、第２にその日のことはその日の内に書いておくことである。これは、記録に残すというよりも、養護教諭自身の思いを書き留めるということに重点を置いたもので、養護教諭が自己の課題を見出すための第１段階の記録である。

特に本研究では、ＶＴＲや録音テープなどの機械にたよらず、養護教諭の

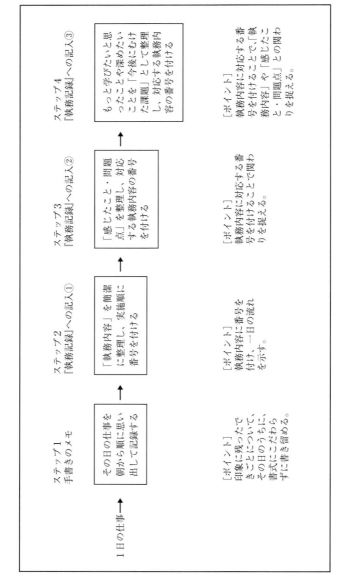

図3-3 『執務記録』の作成手順と各ステップのポイント

第3章　養護教諭の研究的視点　49

表3-9　ステップ1の例（4月30日の場合）

記憶の思い起こしによる手法を用いた。これによって、一日の執務を終えて帰宅し、数時間を置いても印象に残っていること、例えば生徒の対応で大変だったことや気にかかっている仕事のことなどが想起された。このことにより養護教諭のこだわりや力点を置いている執務が捉えられた。

(2) ステップ2 （『執務記録』への記入①）

本研究では、『執務記録』として「月日」「学校行事」「執務内容」「感じた

こと・問題点」「今後に向けた課題」の5項目からなる簡素な書式を設定した。その記入例が表3-10である。ステップ2では、ステップ1で書き留めた執務内容を『執務記録』の枠の中におさめる作業を始めた。これは、週末などの時間のある時に数日分をまとめて行った。まず表3-9の中の執務内容を箇条書きに簡潔にまとめ直し、さらに午前および午後に分けて、取り組んだ順に①②……の番号を付けて表した。

　4月30日の場合は、午前には、①として朝の打ち合わせで尿二次検査の連絡をし、以下②から⑧までの執務を行った。ただし、③に示した「生徒の対応、連絡」は、一人の生徒に対するものではなく、午前中に対応したすべてのものを一つの項目で表現した。しかし、生徒の対応の中でも特に印象に残った②の女子生徒の相談と⑤の男子生徒の相談は独立して記した。②の女子生徒は、思い詰めた様子で来室し、「どうしたの？」と声をかけると泣き出した。わけを聞くと、幼い頃から剣道を教わっている先生が危篤になり、心配でどうしようもないということであった。約1時間話を聞いて励ましたという対応である。⑤の男子生徒は1年生であり、友達ができないという相談であった。本人の話を聞いて、継続的な対応の必要を感じ、再来室をうながした後、担任へ状況を連絡した。午後は、⑨⑩⑪の健康診断に関わる仕事を昼休みに実施し、その後⑫⑬⑭⑮までの執務を行った。

（3）ステップ3（『執務記録』への記入②）

　ステップ3では、ステップ2と同様に、メモとして書き留めてある一日の仕事を通して感じたことや問題点を『執務記録』の中に記入し、「執務内容」の欄の項目に対応する番号を付けた。4月30日は、「執務内容」の②③⑤⑧⑫⑭が示しているように、多数の生徒が来室して対応に追われた日である。そのため、休日が飛び飛びで体調を崩しているのだなあと感じていたことがわかる。とりわけ⑧に示した先天性筋緊張症（ミオトニア）の生徒との面談では、「面談後にソファーからすぐ立ち上がれない様子」をみて、病態が日常の動作にどのような形で表出するのか知らなかったという自分の知識不足

第 3 章　養護教諭の研究的視点　　51

表 3-10　『執務記録』の例

月日	学校行事	執　務　内　容	感じたこと・問題点	今後にむけた課題
4.30 (木)	薬物乱用防止の講演 （6校時）	午前 ①尿二次検査の連絡 ②生徒（女子）相談…励まし ③生徒の対応、連絡 ④職員血圧測定（1名） ⑤生徒（男子）相談…友人ができない、担任へ連絡 ⑥尿検、X線検査、内科検診について事務と調整 ⑦先天性心疾患の生徒の資料を担任と学年主任へ渡す ⑧筋緊張症の生徒と面談…体育のこと、薬について、日常の学校生活について 午後 ⑨身体測定欠席者の測定 ⑩視力検査 ⑪聴力再検 ⑫生徒の対応、連絡 ⑬卒業生来室 ⑭講演会にて脳貧血1名 ⑮尿二次検査の準備	②③⑤⑧⑫⑭休日が飛び飛びで体調を崩した生徒が多数来室。ミオトニアの生徒と面談した後、生徒がソファーからすぐには立ち上がれないことにショックを受けた。教室で教師にあてられてもすぐに立てないのではないかと思った。関係者に周知させる必要がある。〈N〉〈O〉	⑦⑧担任との連携について─主に疾病を有する生徒の支援─
	※記録に残した来室者数：12名			
7.6 (月)		午前 ①「環境衛生検査結果のお知らせ」配布 ②生徒の対応、連絡 ③職員1名来室（カゼ症状、発熱） ④職員血圧測定（2名） ⑤職員1名相談（女子バレー部員の健康状況について） ⑥職員1名来室（熱っぽい） ⑦職員1名来室（肋骨骨折〜湿布交換） 午後 ⑧生徒の対応、連絡 ⑨保健委員活動 ⑩相談のあった女子バレー部員と面談〜受診指導 ⑪職員血圧測定（1名） ⑫職員1名来室（頭重感〜血圧測定、静養） ⑬生徒会指導教員と学校祭に向けて食中毒予防指導について打ち合せ ⑭健康センター書類整理 ⑮部活動指導	③④⑤⑥⑦⑪⑫職員の来室の多い一日であった。〈G〉	③④⑤⑥⑦⑪⑫職員にとっての保健室とは…保健室に求めるもの、保健室のイメージ、保健室の果たす役割等について
	※　　7名			

にショックを受け、他の教師の理解を得るための働きかけを早急に行わなければならないと切実に感じたものである。

このようなステップ3の作業により、毎日様々な出来事はあるが、その日の中で気になったことや印象に残ったことは、一日の執務の一部であることが改めて確認される。また、執務内容との関わりを見ることで、「感じたこと・問題点」がどの執務から生じているかを客観的に捉えることができた。

(4) ステップ4 (『執務記録』への記入③)

ステップ4では、ステップ1のメモ書きによる記録の際に「もっと学びたい・深めたい」と思ったことを「今後にむけた課題」としてまとめたものである。今すぐには着手できないけれども、できれば取り組んでみたいと思う事柄である。「執務内容」の欄に対応した番号を付してみると、「感じたこと・問題点」とは必ずしも対応していなかった。

4月30日はその典型的な例であり、②③⑤⑧⑫⑭といった生徒への対応から感じたことでありながら、「今後にむけた課題」は担任との連携に発展している。この日は、⑦に示したように先天性心疾患の生徒の資料（学校生活管理指導表）を担任と学年主任に渡した。この生徒は、1年男子のファロー四徴症の生徒で、術後の経過は比較的良いものの、20歳前後に大きな再手術を控えており、運動制限がある。この生徒の資料（同上）を担任と学年主任に渡して説明したこと、そしてそのあとで来室した⑧のミオトニアの生徒との関わりから、疾病を有する生徒の支援には担任との緊密な連携と協力が大切であることを改めて感じたのである。そして、担任との連携のあり方について明らかにしていきたいという思いと、他者のさまざまな実践や研究報告から学びたいという思いが生じている。

また7月6日は、「感じたこと・問題点」と「今後にむけた課題」が一致した例である。「執務内容」は、午前中に③④⑤⑥⑦と午後の⑪⑫が職員の来室によるものであったため、「感じたこと・問題点」では、職員の来室の多さを指摘し、「今後にむけた課題」では"職員にとっての保健室とは"を

示している。なかでも、③④⑥⑪⑫は、健康チェックのための来室であり、病院の受診が可能であるにもかかわらず、まずは保健室に来室するという状態に、職員が保健室に求めるものを感じた。そこで、職員にとっての保健室のイメージを明らかにし、保健室の果たす役割を捉えていきたいということが「今後にむけた課題」として生じている。

2）一日の執務を通して感じたこと・問題点の内容

　ステップ3として『執務記録』にまとめた「感じたこと・問題点」の内容を分類し、その傾向を示したものが表3-11である。この分類から得たA～Zは、後日、『執務記録』の「感じたこと・問題点」の欄に書き加えた。4月30日の場合は、休日が飛び飛びで体調を崩した生徒が多数来室したことが「N．主訴をもって来室した生徒への対応」にあたり、ミオトニアの生徒との面談が「O．慢性的な傷病を有する生徒への対応」にあたる。

　90日間分全体の内容は、「養護教諭や保健室の役割・機能に関して」「健康診断の業務に関して」「生徒への対応に関して」「具体的な執務に関して」と

表3-11　一日の執務を通して感じたこと・問題点（計90日間、単位：日）

〈養護教諭や保健室の役割・機能に関して〉		〈生徒への対応に関して〉	
A．生徒にとっての保健室の役割	11	N．主訴をもって来室した生徒への対応	29
B．一般教師からみた保健室の役割	3	O．慢性的な傷病を有する生徒への対応	5
C．拡大する保健室の役割への対応	2	P．生徒指導上の配慮を要する生徒への対応	3
D．拡大する養護教諭の役割への対応	1	Q．休学中の生徒への支援	3
E．仕事に取り組む養護教諭の姿勢	4	R．養護教諭不在時における来室者への対応	1
F．学校行事における養護教諭の役割	1	S．保健授業担当時における来室者への対応	1
G．職員の健康管理における養護教諭の役割	6	T．来室動機に応じた支援	1
H．養護教諭が行う健康相談活動の意義	1	〈具体的な執務に関して〉	
〈健康診断の業務に関して〉		U．担任や他教師への連絡・連携、情報交換	5
I．健康診断業務の量的な負担	7	V．新入生の健康状況の把握	2
J．健康診断票の記載内容	1	W．生徒の健康実態の把握	5
K．健康診断実施時における来室者への対応	4	X．校内の学習環境の把握と検査結果の報告	2
L．健康診断の準備	1	Y．保健指導の実施のしかた	3
M．健康診断の事後措置	1	Z．生徒保健委員会活動の活用のしかた	2

いう４つの事柄に大別することができた。「生徒への対応に関して」は延べ43日と最も多く、特にこのうちの「Ｎ．主訴をもって来室した生徒への対応」は29日と調査期間の約３割を占め、生徒への対応の中でも、「主訴をもって来室した生徒への対応」に問題を感じている様子が捉えられた。また、「Ａ．生徒にとっての保健室の役割」が11日と多く、他の項目では、「Ｉ．健康診断業務の量的な負担」が７日、「Ｇ．職員の健康管理における養護教諭の役割」が６日の順に多かった。

このことから、調査期間が１学期であったにもかかわらず、「健康診断の業務に関して」は延べ14日と最も少なく、時期に関わる執務の問題よりも、「生徒への対応に関して」や「養護教諭や保健室の役割・機能に関して」といった年間を通じて問うべき事柄に問題を感じている日が多いということがわかった。また、職員との交流や職員から養護教諭へ期待されるものも筆者にとっての課題であることがわかった。

3）問題や課題として感じた理由

「なぜ問題に思い、課題として感じるのか」を明らかにするために、複雑に絡み合う思いをできるだけ１つ１つ切り離して箇条書きに列記したものが表３-12である。これらの内容は、「執務全般に関して」「生徒の対応に関して」「保健室の役割に関して」に分けることができた。全体をみると、『こなしきれなかった、十分な対応であったか自信がない、予定どおり進まない、焦燥感がある、秩序立てた仕事がしたい、養護教諭としての力量に不安を感じる、表面的な技巧に陥っている』などの多様な思いを抱いていることが捉えられた。しかし、日々もがきながら執務している中に「毎日養護教諭の実践を少しずつでいいので向上させたいと願うから」問題や課題として感じていることに、反省的実践家[24]としての専門職の真髄が認められるだろう。

第3章　養護教諭の研究的視点　　55

表3-12　問題や課題として感じた理由

《執務全般に関して》
・その日を通して一番心に残った事や出来事
・一日の執務を通してこうすればよかったと心残りになること
・執務量の多さから十分こなしきれなかったこと
・職員、生徒の対応が十分であったかどうか自信が持てないこと
・本人の努力だけではままならないが、他の条件を変えて改善できるのではないかと感じること（複数配置等）
・執務計画の進行状況をみて、予定通りに進まないのは何が原因であったのかを考える時
・生徒の訴えに対して「明日にして」や「昼休みまで待って」といった先送りができないことにより、予定していない仕事が山積みになり、予定していたことはその陰に押しやられていくことで、焦燥感にかられている時
・その日一日の仕事でつくづく大変だったと思う時
・毎日養護教諭の実践を少しずつでいいので向上させたいと願うから
・仕事がパズルのように錯綜していくため秩序だてて仕事をしていきたいと願うから
・職員の健康相談に対応できる力量があるだろうかと不安になる時
・他教師に変わってやってもらえない仕事があって、一人でこなさなければならない時（尿検査のチェック等）

《生徒の対応に関して》
・一人一人じっくり対応したいのに現実にはできていないこと、対応の深いところに行き着かないで表面的な技巧に陥っていることに気づく時
・はじめての疾病や経験のない症状に出会って驚いた時
・相談活動を行なった後に十分対応できたかどうか不安に思う時
・たくさんの来室者の中で「これは慎重に対応していかなければいけない」と直感する生徒と接触した時
・問題が多岐にわたり、対応に困難を感じる時（いじめ、男女交際、体罰等）
・継続的に経過をみている生徒のちょっとした変化が気になる時
・多様な来室者に対して、重要なポイントをはずしてはならないと痛感する時（受診の要否の判断等）
・生徒と接した時に、対人間としての自分がためされると感じた時
・高校生の流行はめまぐるしく、保健指導の難しさを感じる時

《保健室の役割に関して》
・拡大した保健室の機能を養護教諭としてこなしきれていないと思う時
・養護教諭冥利につきるとか、「ああ保健室の役割を果たしたなあ」と実感できる時

4．考察

　養護教諭は、学校の年間を通じた活動の流れに沿って綿密な計画を立て、その計画に従って毎日の執務を行っていくが、その一方で「定められた手順に沿うだけでなく、絶えず新しい事態への対処が課題を生じさせているのである。その日は覚えていても、次の日に新たな事態に直面すると、前日のことは「実際のところ日時がたつとその記憶も失われ、証拠は何も残らない」[25]ことになる。したがって、その日の内に書き留めるということは、養護教諭の記録のあり方としてとても重要なことである。「自然科学や医学の発達はめざましいが、その基礎となったものは、科学者や医師による記録であったといってよい。すなわち、種々の現象の観察や経験した内容を言語であらわし、書きことばによって記録され、累積が分類、整理、体系化されていったのである」[26]といわれるように、一言では語り尽くせない混沌とし、錯綜した養護教諭の執務を整理していくためにも「記録」は欠かせないものである。

　ステップ１のメモ書きをステップ２の「執務内容」の形に変えたことは、記録するという行為[27]を通じて、養護教諭自身が自分の執務を客観的に捉えるといった活動の始まりになった。しかも、執務内容に番号を付けるということはとても単純な作業であったが、これにより一日の流れが見えやすくなり、「感じたこと・問題点」や「今後にむけた課題」との関係を捉える際に役立てることができた。これが『執務記録』への記入の第１段階であり、ステップ３はその第２段階であった。ステップ３における「感じたこと・問題点」は養護教諭の主観によるもので、何を問題と感じるかは個々の養護教諭によって異なる部分である。しかし、一人ひとりの養護教諭が自分の問題意識を整理し、それがどんな場面や体験から生じているのかを明らかにすることは、混沌とした状況から飛び出すための大事な手続きであった。このように、混沌とした思いの解決を促すには、日々の執務の中で感じている事柄か

第3章　養護教諭の研究的視点　57

ら課題を引き出すことが必要であり、ステップ3から4へ展開させるところに「自己の問題意識を構造的に整理して捉え直す」という最も重要な研究的視点があるといえる。

　筆者の場合は、生徒への対応の中でも、「主訴を持って来室した生徒への対応」に問題点や課題を感じている様子が捉えられた。これは、「養護教諭の活動の原点は『一人ひとり』の子どもを大切に、寄り添っていること」[28]であり、「保健室が生徒にとってもっと居心地のよい場所」[29]になりうるよう努力したいと考えている筆者の姿勢のあらわれである。また、来室する職員との関わりからは、生徒への対応だけでなく、職員にとっての保健室の役割というものを実感している。

　これらのことは、なぜ問題に思うのかを振り返って整理した表3-12の記述とも関連している。ここでは、「感じたこと・問題点」が養護教諭の主観であることを意識して、自己を客観的に捉え直し、「自分自身が気づく」という過程を重視した。その結果、「執務量の多さから、生徒の訴えに十分対応しきれなかったこと」「多様な訴えへの対応に苦慮していること」「職員への対応が十分であったか不安に思うこと」「だからこそ、毎日の仕事を少しでも向上させたいと願うこと」などの特色がみえてきた。

　このような気持ちの整理は、自分の欠点や弱点、仕事への意気込みをさらけ出すようで気恥ずかしいものであるが、自分自身のこだわりや課題を捉える上で大切なことである。

　養護教諭の養成に際しては、教育活動の自己評価や他者評価を目的として、実習記録のあり方[30]が検討されてきた。同様に、養護教諭の実際活動に関しても「記録」の役割を確認することが必要であり、何よりも、その活かし方を考えることが重要である。それは、「実践したことの内容を質的に高めていくことは、専門家として育つためにきわめて大切なことであるが、その内容が記録され、それが検討され、能力の向上につながっていく」[31]からである。

5．今後の課題

　本研究では、養護教諭が校内において勤務した90日間の執務について記録（メモ）した内容をステップ1〜4の手順にそって『執務記録』に記載した。これは、養護教諭の日々の思い、特に「一日の仕事を通して感じたことや問題点」に重点を置いたものであったが、「執務内容」との関連を整理し、問題として感じている事柄の傾向を分析したことによって、養護教諭が重点を置いている執務内容が見えるようになり、自己の特性が明らかになった。

　このような振り返りのプロセスを通じて、主観的にしか捉えられなかった執務に対するこだわりや問題意識を養護教諭自身が客観的に捉え直すことができ、このことが「研究的な視点を持つということ」の第一歩であると思われた。

　今回のような記録の取り方は、個々の養護教諭の問題意識により変化するものであり、もしも、一人ひとりの生徒の対応に重点を置いたり[32)]、執務全体を捉えよう[33)]とすれば、また違った『執務記録』の書式や内容になるだろう。

　「実践を記録化することの意義」[34)]の一つは、実践者（養護教諭）が活動を記録することによって、自己の実践を自覚的に捉え、より優れた実践を生み出していくための糧とすることができるということである。

　このような意味からも、今後は、「記録すること」だけでなく、「記録をいかに分析し、そこから何を学ぶか」という『記録の活かし方』に重点を置いた取り組みが重要である。

文献
1）今出悦子他：保健室からみた学校精神衛生の問題点（その2），学校保健研究，29（1），25，1987
2）森田光子他：保健室を訪れる子どもの実態とその対応—高等学校—，学校保健研

究，27（1），15-16，1985

3）小谷英文編：逃げ場を失くした子どもたち—小・中・高保健室の現場から—，4-7，同文書院，1986

4）前掲書1），27

5）盛昭子：救急処置における児童のヘルス・ニーズの明確化について，学校保健研究，26（1），12，1984

6）山田ふくみ：保健室来室者に関する一考察—記録に残る生徒と残らない生徒との比較検討を通して—，研究紀要，9，1-6，50，北海道福島商業高等学校，1990

7）北海道新聞，教室の周辺　豊かな教育，1988年11月21日付

8）養護教諭のある一日，健康教室，19，東山書房，1984

9）前掲書2），16

10）前掲書1），27

11）梶原京子他：学校における児童・生徒の人間関係の探求—保健室と児童・生徒の関係を中心に—（第一報）—，学校保健研究，28（Suppl.），177，1986

12）中丸弘子他：同一児童生徒の保健室来室の意味（第2報），学校保健研究，30（Suppl.），223，1988

13）藤本比登美他：同一児童生徒の学校生活調査—認知地図（第2報），学校保健研究，30（Suppl.），224，1988

14）荒木洋子他：同一あいまいに保健室に来室パターン3の児童生徒の認知地図（第2報），学校保健研究，30（Suppl.），225，1988

15）藤本比登美他：同一あいまいに保健室に来室するパターン3の児童生徒への養護教諭の間接的なかかわりの意味（第2報），学校保健研究，30（Suppl.），227，1988

16）中丸弘子他：同一養護教諭とあいまいに来室する生徒との関係（第3報），学校保健研究，31（Suppl.），164，1989

17）前掲書5），12

18）江口篤寿他：現代学校保健全集15保健室，325，ぎょうせい，1982

19）森田光子他：日常的に行う相談活動の実際，健康教室リブレリア⑦，3，東山書房，1986

20）飯田澄美子：保健室での心身の健康問題への対応—心の問題への対応を中心に—，学校保健研究，29（3），113，1987

21）小稲義男編：研究社新英和辞典，1352，研究社，1991

22）後藤ひとみ他：養護教諭の研究能力に関する一考察，日本養護教諭教育学会誌，1（1），79-92，1998

23）斉藤ふくみ・後藤ひとみ：研究的視点を探る養護教諭としての試み―執務記録の分析から―，日本養護教諭教育学会誌，2（1），46-54，1999

24）ドナルド・ショーン（佐藤学・秋田喜代美訳）：専門家の知恵 反省的実践家は行為しながら考える，ゆみる出版，2001

25）日野原重明他：POSの基礎と実践―看護記録の刷新をめざして―，3，医学書院，1990

26）川島みとり他：看護記録―看護過程にそった記録の提案―，まえがき，看護の科学社，1987

27）内田郷子：第Ⅱ章 看護過程と記録A，記録の意義，高橋百合子監修「看護過程へのアプローチ2情報と記録」，56，学研，1984

28）堀内久美子：一人ひとりの子どもに寄り添って，健康な子ども，27(7)，2，1998

29）堀内久美子：子どもの居場所としての保健室，生活指導研究，12，104-113，1995

30）天野敦子他：第7章 養護実習，飯田澄美子他編「養護活動の基礎」，206 - 208，家政教育社，1988

31）飯田澄美子：第5章 保健指導の実際7，記録の重要性，飯田澄美子他編「養護活動の基礎」，146，家政教育社，1988

32）前掲書6），1-6

33）日本教育大学協会養護部門全国国立大学附属学校連盟養護教諭部会：国立大学附属学校における養護教諭の執務，教育方法等改善研究No.1，1993

34）森照三：これからの養護教諭，112-113，大修館書店，1991

第4章　養護教諭が行うプロトコル分析

　養護教諭はなぜ研究するのか。能智[1]によると、質的研究の特徴は、①研究を特権的で特別な活動とするのではなく、日常的な体験と地続きのものとみなす　②質的研究は研究で物事が行き詰まった時に、もう一度始めから考え直そうという姿勢のもとで立ち上がっていく方法である　③固定的な枠組みで〈現実〉にアプローチするのではなく、データとの対話の中で方法もまた再考して、これまで拾い上げられなかった面に光を当てていくの3点をあげている。

　養護教諭は日々予測できない多くの事柄に対して専門的な判断のもと最も的確な対応を求められ実践している。そのような日常の執務の中において、質的研究に取り組むことは、問題解決行動[2]の一つであるといえる。つまり、生活の中の困難を取り除くことで、マイナスをゼロにすることであり、生活をより豊かなものにしていくことは、ゼロをプラスにする、あるいは＋プラスを＋＋プラス、＋＋＋プラスにアップすることであるといえる。

　また、質的研究については、実践は外からは見えにくく、実践の主体や対象者などの体験は、外部の人には理解されていないことがしばしばあり、それは内部の人にとっても同様であること。質的研究の方法は、そうした内部的な現実から覆い（cover）を取り除いて何かを「発見（discover）」し、言葉にして示すことに寄与するとされる[3]。

　保健室での日々の事象は、まさに他者に説明しにくく、養護教諭自身も錯綜して複雑な事象に埋もれてしまいそうになるであろう。また、養護される側の子どもが、養護教諭が意図した関わりによって、何らかの変容を生じた場合、そのことを数字で評価したり、表現することは不可能である。そのような目に見えにくく、測定し難い事象に光を当てて、言葉で表現するために、

質的研究は是非推奨したい研究方法である。

　本章では、海保らの「プロトコル分析入門」[4]から多くのヒントを得て試みた 3 つのプロトコル分析研究[5][6][7]を紹介する。

第 1 節　幼稚園保健室コーナーの参与観察—園児の動きの分析を中心に—

1．背景および目的

　子どもたちの心身の健康の保持増進を専門的立場から担う養護教諭の配置は、小学校・中学校・高等学校（全日制）においては、それぞれ 104.0％、99.9％、91.3％に達している（2008 年度学校基本調査[8]により算出）。2008 年中央教育審議会答申[9]では、養護教諭は、学校保健活動の推進に当たって、中核的な役割を果たしていること、アレルギーや不登校、基本的な生活習慣の乱れなどの現代的な健康課題に対して関係者と協働して解決・支援にあたるコーディネーターの役割が求められることを示し、養護教諭がその役割を十分果たせるようにするための環境整備が必要であるとしている。そのようななかにあって、幼稚園の養護教諭の配置は、国立は 89.9％[8]と小・中・高等学校の水準に近づきつつあるものの公立は 6.5％[8]と依然配置率は低い。この背景には、後藤ら[10]が指摘するように、幼稚園設置基準第 6 条「幼稚園には、養護をつかさどる主幹教諭、養護教諭又は養護助教諭及び事務職員を置くように努めなければならない。」とする努力義務にとどまっていることがあげられる。国立系附属幼稚園については、平成 6 年度より常勤の養護教諭の定数化が開始され、Ｉ大学教育学部附属幼稚園に常勤養護教諭が配置されたのは平成 14 年度のことである[11]。一方、養護教諭が養護活動を展開する場としての保健室についてみると、2000 年の調査報告[12]によると「職員室・教官室」との共用が 68.8％と最も多かったとされる。このことから幼稚園における養護教諭を取り巻く環境は、小・中・高等学校のそれとは異なる特色を

持つものと考えられる。

　幼稚園における教育の目標は、学校教育法第23条において、「(1) 健康、安全で幸福な生活のために必要な基本的な習慣を養い、身体諸機能の調和的発達を図ること。」と定められており、目標5項目中第1項目目に健康、安全、基本的な習慣、身体諸機能の調和的発達が掲げられていることは、幼児期における健康に関する学びがその後の生活を健康で豊かなものにするための基礎づくりとして重要であると解釈することができる。このように幼稚園における教育の円滑な実施の基盤となる健康領域において、子どもの心身の健康を守り育てる専門的な素養を持つ養護教諭の実践とその実践の持つ意味を掘り下げることは意義あるものと考える。

　これまで、幼稚園養護教諭による保健指導の実践報告[13)14)]はみられるが、保健室（あるいは保健室コーナー）における園児との対応の詳細な検討は、渡辺の事例研究報告[15)]がみられるものの、園児のニーズに着目した調査研究はほとんどみられない。分析の方法としては、太田らの保健室での児童行動をビデオカメラで撮影した分析的観察研究[16)]および大谷らの保健室空間の参与観察法による分析[17)]があるが、園児を対象とした研究はみられない。園児のニーズに着目し、ビデオカメラで撮影したデータを分析することで得られた知見は、Ⅰ大学教育学部附属幼稚園の一般教諭だけでなく、養護教諭未配置の幼稚園においても、子どものニーズを捉える参考資料となりうること、また、望ましい保健室の配置を考える視点を提供するものと考える。保健室コーナーの参与観察を行うことによって、園児のニーズを捉えることにより、幼稚園における養護教諭の園児との対応の意味を明らかにすることを目的として研究を行った。

2．対象および方法

　対象は、Ⅰ大学教育学部附属幼稚園保健室コーナーを訪れた園児である。本園は3歳児1クラス、4歳児、5歳児が各2クラスとなっている。調査期

表4-1 調査日および時間

調査日	2/20	2/23	2/24	2/26	3/11
曜　日	金	月	火	木	水
時　間	8:30〜12:00	8:30〜12:00	8:30〜13:10	8:30〜12:00	8:30〜12:00

表4-2 在籍数（人）

りす	うさぎ	こあら	ぺんぎん	きりん	計
31	31	31	31	30	154

間は2009年2月20日〜3月11日の間の5日間であり、曜日を月〜金に1日ずつ配当した。方法は、職員室内の保健室コーナー全体を見渡せる場所にビデオカメラを設置し、園児と養護教諭の動きと発話を記録した。分析は、園児の動きを時系列に従って記録したものをプロトコル分析[4]した。なお園児のニーズは、動線記録の分析と映像から表情、発話、しぐさ、養護教諭との距離の読み取りとの両方から解釈した。なお調査日および時間は表4-1に、在籍数（調査日現在）は表4-2に示した。

　倫理的配慮として、園長・副園長に対して研究目的・方法を文書と口頭で説明し、職員会議にて了承を得た。園児の映像は、顔貌、氏名が特定できないように配慮し、保管を厳重にし、分析後は廃棄することを約束のうえデータ収集を行った。

　対象幼稚園の保健室コーナーの全景は図4-1に、職員室全体略図は図4-2に示した。

図4-1　保健室コーナーの全景

第4章 養護教諭が行うプロトコル分析 65

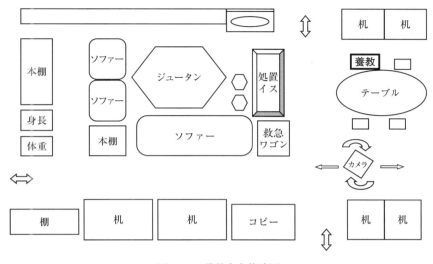

図4-2 職員室全体略図

3．結果

1）参与観察日の保健室コーナーの来室状況

　参与観察日の欠席数および出席数を表4-3に、天候と室温を表4-4に示した。室温は、職員室における測定である。欠席者は7～18名と比較的多くなっており、これは2月末の寒さの厳しい時期であったこと、天候不順、風邪やインフルエンザ流行期であったことなどが原因と思われる。

　5日間の保健室コーナー来室者数は表4-5に示したとおり、第1日目の133名を最高に、第5日目の66名まで総計481名であった。なお一人が一日に複数回来室している様子がみられたため、総数には延べ数を示した。保健室コーナー来室者の男女別内訳は男児48.6％、女児51.4％であった（表4-6）。在室時間は、5分未満が82.3％、5～10分未満が11.0％、10分以上が6.7％であった（表4-7）。

表4-3　欠席数と出席数

	2/20（金）	2/23（月）	2/24（火）	2/26（木）	3/11（木）
欠席数（人）	18	17	7	10	8
出席数（人）	136	137	147	144	146
計（人）	154				

表4-4　天候と室温

調査日	2/20（金）	2/23（月）	2/24（火）	2/26（木）	3/11（水）
天候	雨	雨	曇	曇	晴
気温（℃）	20.3	16.2	18.0	19.0	20.0

表4-5　保健室コーナー来室者数（人）

2/20（金）	2/23（月）	2/24（火）	2/26（木）	3/11（水）	計
133	110	90	82	66	481

表4-6　男女別内訳

調査日	2/20（金）	2/23（月）	2/24（火）	2/26（木）	3/11（水）	計	%
男児	64	71	44	35	20	234	48.6
女児	69	39	46	47	46	247	51.4
計	133	110	90	82	66	481	100.0

表4-7　在室時間

時間	2/20	2/23	2/24	2/26	3/11	計	%	人（%）
1分以内	31	11	17	6	9	74	15.4	
1～2未	52	27	35	17	17	148	30.8	
2～3未	20	17	10	15	13	75	15.6	396 (82.3)
3～4未	16	14	9	10	7	56	11.6	
4～5未	3	12	6	12	10	43	8.9	
5～10未	8	18	7	12	8	53	11.0	53 (11.0)
10～20未	1	11	3	10	2	27	5.6	
20～30未	2	0	2	0	0	4	0.8	32 (6.7)
30～60未	0	0	1	0	0	1	0.2	
60分以上	0	0	0	0	0	0	0	
人数	133	110	90	82	66	481	100.0	100.0

２）園児の動き

　保健室コーナー来室園児481名の動線を分析した結果、図４‐３～図４‐６に示したように４つの来室パターンが確認され、それぞれに（　）内のように命名した。

　パターン１（空間ニーズ）：保健室の空間のみを利用する場合で、多くの園児は遊びに夢中な状態である。変身した姿（ビニール袋で作った服を着たり、お姫様の衣装を着たりなど）のまま、保健室を横切っていく。あるいは、友だちと遊びながら（戦いごっこをしながらなど）駆け抜けていくなどの行動パターンである。このパターンの園児の表情は、明るく笑顔、無邪気な様子が読み取れた。

　パターン２（甘えニーズ）：園児は入室後まっすぐ養護教諭のそばに向かう。その目の表情は、「私を見て」といわんばかりの一途さが読み取れた。養護教諭はこのような園児に対しては、一人一人目を合わせ、気持ちを受け止めて、園児の発する言葉に耳を傾けていた。

　パターン３（手当てニーズ）：園児は処置イスに接近し、手当てを求める。保健室コーナーにある処置イスは園児が３人ほど腰掛けられる大きさであり、処置ワゴン（処置イスの左側に位置する）に近づくに従って、自分の順番がまわってくるように園児たちは認識しており、自分の順番が来ることをうれしそうな表情で期待感を持っている様子が読み取れた。

　パターン４（曖昧ニーズ）：ソファーに寄りかかったり、保健室コーナー内をうろうろ動きまわり、一見何を求めているか読み取れない。しかし詳細に観察すると、時間がたった後に養護教諭に困ったことを訴える例がみられた。しかし、その訴えは園児からではなく、養護教諭からの丁寧な聞き取りの結果生じる場合がほとんどであった。パターン４の園児はそれまで養護教諭との距離間隔をとったり、ソファーに寄りかかるなどの身体的表出を伴いながら在室時間が長くなる傾向が認められ、本調査においては、58分が最も長い在室時間であった。

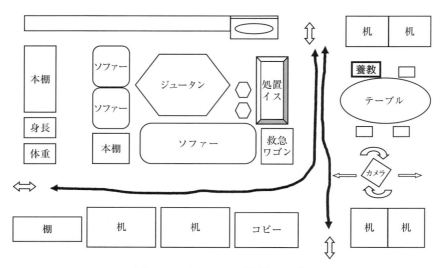

図4-3　パターン1（空間ニーズ）

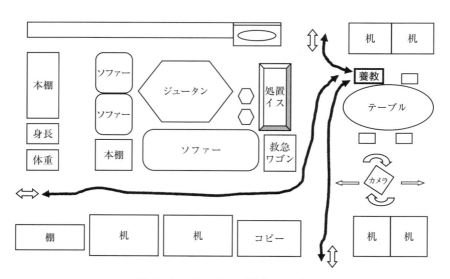

図4-4　パターン2（甘えニーズ）

第4章 養護教諭が行うプロトコル分析　69

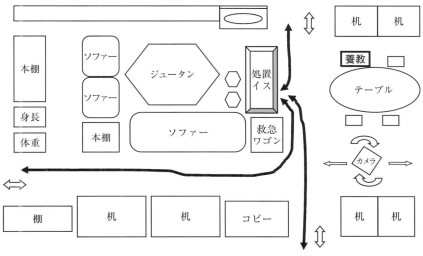

図4-5　パターン3（手当てニーズ）

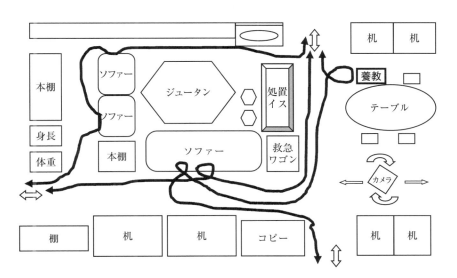

図4-6　パターン4（曖昧ニーズ）

以上4つのパターンの割合は、空間ニーズと甘えニーズが合わせて約7割を越え、手当てニーズ2割、曖昧ニーズ1割弱であった。

3）Aちゃんが発話に至るまでの行動分析

Aちゃんの時間に沿った行動の変化を図4-7に示した。主訴は「先生、寒い」であるが、その発話が出てくるまでに3分が経過している。その間ソファーに寄りかかる行動を5回し、養護教諭のそばに3回行っているが、訴えの言葉は出てこない。養護教諭から「どうしたの？」と尋ねられたにも関わらず、他の園児が処置されるのを2回見て、その後処置イスに座ってよう

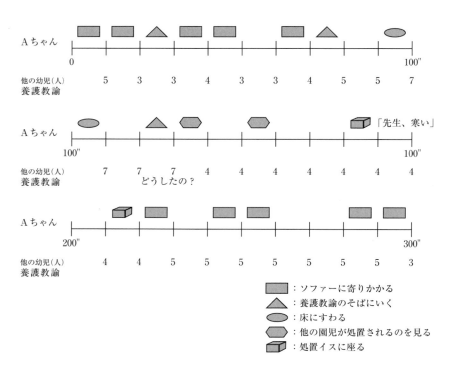

図4-7　Aちゃんの時間に沿った行動の変化（300"以降省略）

やく発話に至った。その間、養護教諭の周囲には、常に 3 人から 7 人の園児が取り巻いており、これらの園児たちは甘えニーズと手当てニーズの来室と在室であった。

4．考察

1）保健室コーナー来室状況について

　5 日間の参与観察時間は、園児の登園後、降園までのおおむね 3 時間30分から 4 時間40分であり、火曜日のみお弁当であった。園児たちの一日は、「登園―好きな遊び―おやつ・お弁当―降園前のひととき」となっており、園児たちはその間、思い思いに保健室コーナーへ来室できるようになっている。5 日間の来室者数をみると、第 1 日目が 133名と最も多くなっていた。これは調査者（筆者）が保健室コーナーに訪室した初日ということもあり、「なにしにきたのー」という園児からの問いかけを何度かされたことから、物珍しさによる来室も含まれることも要因として考えられる。

　来室者数は、他の調査結果と比較すると、同規模の幼稚園では最多35人[18]や 18.6人[19]という報告があり、本調査結果はそれよりも多い数字となっている。これは、養護教諭が直接的になんらかの処置や対応をして記録に残ったものを集計した他の報告と来室者をもれなく集計した本調査との差と考える。したがって記録に残された来室者だけで養護教諭の活動の実態を語ることはできない[20]。来室者の男女比をみると、女児が 51.4％とわずかに多かった。58.0％という鈴木らの報告[21]と比較しても、若干女児が多い傾向は否めないようである。一方在室時間は 5 分以内が 82.3％であり、同じく鈴木ら[21]の71.4％よりも短い結果となった。養護教諭の園児のニーズの的確な把握と対応により短時間で退室していることが推測された。

2）保健室コーナーに対する園児のニーズ

　先に述べた空間ニーズ、甘えニーズ、手当てニーズ、曖昧ニーズの 4 つの

ニーズに共通する特性を、養護教諭への接近欲求、目的自覚の明確さをそれぞれ水平軸、垂直軸に示し、その強弱をプラス（+）とマイナス（-）で表し、4つのニーズを位置づけたものが図4-8である。

甘えニーズは、養護教諭への接近欲求がプラス、目的自覚の明確さもプラスに位置づく。このニーズの園児は、例えば「〇〇ちゃんのおばあちゃん入院しているんだよ」「今日、お当番」「昨日剣道やって楽しかった」という養護教諭に伝えたいことを内面に持っていて、養護教諭のそばに行って伝える目的が明確で、入室後真直ぐ養護教諭のもとへ向かっていく園児たちである。これらのニーズの園児は、養護教諭にしっかりと受け止めてもらうことで満足し、保育室へ戻っていく。

手当てニーズは、養護教諭の接近欲求がマイナスで、手当てをして欲しいという目的自覚がプラスに位置づく。本園の園児たちは、保健室コーナーでの手当ては、処置イスに座ってしてもらうことを経験的に認識しており、入室後処置イスへ向かっていた。また痛みが強い時には真直ぐに養護教諭のも

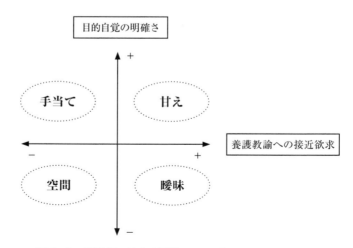

図4-8　保健室に対する園児のニーズ

とへ向かい、直接痛みを訴える接近欲求プラスの甘えニーズに似た行動をとる園児もいた。

　空間ニーズは、養護教諭への接近欲求も目的自覚の明確さもマイナスである。バタバタと走り抜ける園児など、一見ニーズを持っていないように思われるタイプである。しかし、詳細に観察すると、入室して養護教諭の姿がなければ入室をやめたり、勢いよく走ってきても、養護教諭が不在であれば少し勢いが弱くなる園児が多い。このことは、直接的な養護教諭とのかかわりを求めていないけれども、そこに養護教諭がいて、自分を見てくれる、認めてくれることを無意識に求めている園児たちと推測される。

　曖昧ニーズは、養護教諭への接近欲求はプラスで目的自覚の明確さがマイナスに位置する。このタイプの園児は、ソファーに寄りかかったり（寄りかかることで、養護教諭が気がつく時は、注意を軽く受けることで養護教諭の関心を引くことが含まれる）、保健室コーナーをぐるぐる回ったり、他の園児の様子をうかがったり、何のニーズであるか読み取れないかのようである。そして結果的に在室時間が長くなる傾向があり、養護教諭が何かあるかなと判断するに至るパターンである。全体の割合としては少ないが、重大な心身の問題を抱えている場合が少なくないと考えられる。

　このように園児の動線を詳細に分析することによって、園児の保健室に対するニーズと行動パターンを類型化することができた。養護教諭は園児の言葉や表情だけでなく、しぐさや動きに着目することで園児のニーズを判断していく一つの目安になるものと思われる。

3）Aちゃんの行動の意味するもの

　上述した4つのタイプの中で、曖昧ニーズに該当すると思われるAちゃんの行動を時系列でみていった。処置イスに座るまで主訴の発話に至らないこと、処置イスに順番に座ることから、①順番を待つことができる。②他の園児のことを考えたり、思いやることができる。③保健室コーナー利用の秩序

を守ることができるなどの他者のことを考える気持ちや規範意識が育っていることが推測された。平成20年告示の幼稚園教育要領[22]の領域・人間関係に新設された[23]内容の取扱い「(5) 集団の生活を通して、幼児が人とのかかわりを深め、規範意識の考え方が培われることを考慮し、幼児が教師との信頼関係に支えられて自己を発揮する中で、互いの思いを主張し、折り合いを付ける体験をし、きまりの必要性などに気付き、自分の気持ちを調整する力が育つようにすること。」の内容に沿う園児と考えらえる。また、保健室コーナーでは年齢やクラスを問わず、いろいろな園児が入り乱れることから同じく領域・人間関係のねらい「(2) 身近な人と親しみ、かかわりを深め愛情や信頼感を持つ。」に示されるように、園児は自らの心身の健康について身近でいつも見守り支援し、心配してくれる養護教諭に甘えたり親しんだりとかかわりを深め、愛情を感じることによって信頼感をもつことにつながっている。さらに養護教諭の見守りの中で他の園児とのかかわりを安心して持つことができる。このように自他への信頼感を持つことは自己を肯定する感情を持つことにつながっていく。

　Aちゃんの場合は、ソファーに寄りかかったり、友達が処置されるのを眺めたり、「先生、寒い」という訴えを発するまでに時間を要しているが、その間にAちゃんは保健室コーナーにおける養護教諭の深い洞察を伴った導きによって、人間関係やきまりなど多くのことを学びとっている。園児にとって保健室コーナーでの養護教諭の対応は、幼稚園教育の基本である生涯における人間形成の基礎を培うことにつながる教育活動であることを確認することができる。

4）望ましい保健室コーナーの配置

　最後に、園児の動線分析より明らかになった園児のニーズに対応するためには保健室の配置はどうあるべきかについて検討する。まず第1点目として養護教諭が甘えニーズに対応するための十分なスペースを確保することが望

まれる。現状の配置では通路に園児が群がることになり、空間ニーズのある園児や職員室に出入りする職員の動きとも重なり落ち着かない雰囲気を醸し出している。甘えニーズの園児に対しては養護教諭が受容・共感、励ましなどの対応をすることにより短時間で保育室に戻る子どもたちであることから、瞬時の深い個別対応が求められる。養護教諭のこのような対応を保障するスペースを確保することが重要と考える。第2点目として、処置イスが園児たちの手当てニーズに対応するものでありながら通路に面していることから、処置スペースの確保が必要である。順番を待つ園児の場所も用意することが求められる。第3点目にソファーの向きは入室した園児に背面を向けていることから排他的な印象を抱かせる位置になっていると考えられ、オープンな雰囲気になるように配置することが望まれる。養護教諭の的確な判断と対応および指導により、向きの変化が保健室コーナーの無秩序な利用につながることはないと思われる。園児のニーズに対応したニーズ別の保健室コーナーの配置が、養護教諭の専門的役割を十分に発揮させ、園児の健やかな成長を支援する機能的な対応につながると考える。

第2節　幼稚園保健室コーナーの参与観察—園児の行動に着目して—

1．背景および目的

　学校教育法第1条において学校とは、幼稚園、小学校、中学校、義務教育学校、高等学校、中等教育学校、特別支援学校、大学及び高等専門学校とすると定められている。幼稚園は教育機関であり[24]、生涯における最初の学校教育の場である[25]。幼稚園における教育の目標は、学校教育法第23条に5項目掲げられている。中でも最初の項目が「健康、安全で幸福な生活のために必要な基本的な習慣を養い、身体諸機能の調和的発達を図ること。」である。このことは、「幼稚園において先ず何を置いても健康という事を主眼として

すべての計画が打ち立てられなければ健康保育の目的は達せられない」[26] と いわれるように、幼児期における健康に関する学びがその後の生涯の生活を 健康で豊かなものにするための基礎づくりとして重要であることを示してい る。2008年改訂の幼稚園教育要領においても「ねらい」の一番初めに健康が 取り上げられ[27]、その内容も子どもを取り巻く社会環境の悪化を受けて、食 を含めた基本的生活習慣の欠如の問題と身体を十分に動かす体験の減少によ る問題を踏まえた修正が加えられた[28] ところである。

　このように重要視されている幼稚園における園児の健康について、主とし て担当している者は誰であろうか。子どもたちの心身の健康の保持増進を専 門的立場から担う養護教諭の配置率（養護助教諭を含む）は、小学校 104.0％、 中学校100.2％、高等学校128.6％に達している（2010年度学校基本調査[29]より算 出）のに対して、幼稚園では、国立（49園）83.7 ％、公立（5,107園）6.5％と配 置率は極めて低い。この背景には、第 1 節で述べたように、幼稚園設置基準 第 6 条において養護教諭又は養護助教諭の配置については努力義務にとど まっていることがあげられることと、幼稚園は義務教育ではないために給与 面の国の補助がない[30] ということが大きな要因である。多田らの幼稚園教 諭・保育士に対して行ったアンケート調査の結果からは、「発熱やアレル ギーなどの一般的な症状への対応に関して困っている」、また71.1％の幼稚 園・保育所で慢性的な疾患や障害を持つ子どもを受け入れており、「障害を もつ子どもへのかかわりが難しい」と感じている状況がうかがえた[31]。この ような現状のなかで園児のニーズと幼稚園に勤務する養護教諭の園児との対 応について分析し、養護教諭が行っている園児の健康を守り育てる実践の価 値を確認することは、幼稚園には養護教諭の配置が不可欠であることを示し、 ひいては配置の促進につながっていくもので意義あることと考える。

　これまで幼稚園養護教諭による園児に対する対応については、園児の行動 に着目した調査研究はほとんどみられない。行動とは、なんらかの刺激（観 念、意味、欲望、必要、意志、期待など）の従属変数とされる[32]。園児の行動か

ら、園児が保健室に何を求めているのかについてその意味を探りたい。

　本節では、保健室コーナーの参与観察を行い、園児の行動から保健室コーナーに何を求めているのかを捉えることにより、幼稚園において養護教諭が園児のニーズを把握する際の示唆を得ることを目的とし、映像記録から園児の行動とその意味について分析した。

2．対象および方法

　対象は、I大学教育学部附属幼稚園の保健室コーナーを訪れた園児である。本園は3歳児1クラス、4歳・5歳児各2クラスとなっている。調査期間は2009年2月20日～3月11日の間の5日間であり、月～金曜日に一日ずつ配当した。

　方法は、職員室内の保健室コーナー全体を見渡せる場所にビデオカメラを設置し、対象者の行動に意図的な操作を何も加えないで、園児と養護教諭のありのままの動きを撮影する自然観察法[33]を用いた。なお、ビデオカメラは360°回転可能であり、コードの延長範囲内で適宜移動して撮影した。分析は、ビデオ録画映像から経時的に園児の行動と養護教諭の対応をプロトコル分析[4]した。調査時間は、園児が在園している8：30～12：00（月・水・木・金）、8：30～13：10（火：弁当日）であった。本園の在籍数は男児77名、女児77名の計154名であった。本園の職員室全体略図と保健室コーナーを図4-9に示した。

　倫理的配慮として、園長・副園長に対して研究目的・方法を文書と口頭で説明し、職員会議にて了承を得た。園児の映像は、氏名が特定できないように配慮し、保管を厳重にし、分析後は廃棄することを約束したうえでデータ収集を行った。

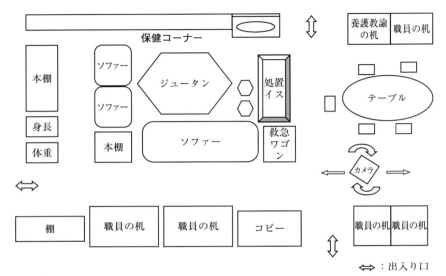

図4-9 職員室全体略図と保健室コーナー

3．結果

1）保健室コーナー来室状況

参与観察日の欠席者数は7～18名、天候は雨・曇が多く、室内でも寒さを感じる室温16.2℃～20.3℃であった。5日間の保健室コーナー来室者数は表4-8に示したとおり、第1日目の366名を最高に、第5日目の136名まで総

表4-8 保健室コーナー来室者数

人（％）

調査日	天候	行事	観察時間	男児	女児	計
2/20(金)	雨	なし	8:30～12:00	192 (52.5)	174 (47.5)	366(100.0)
2/23(月)	雨	一人歩き練習	8:30～12:00	216 (73.0)	80 (27.0)	296(100.0)
2/24(火)	曇	一人歩き交通安全指導	8:30～13:10	112 (59.9)	75 (40.1)	187(100.0)
2/26(木)	曇	おひなさまパーティー	8:30～12:00	138 (54.3)	116 (45.7)	254(100.0)
3/11(水)	晴	弘道館へ観梅、卒園式の練習	8:30～12:00	66 (48.5)	70 (51.5)	136(100.0)
計				724 (58.4)	515 (41.6)	1239(100.0)

数1,239名であった。なお、第1節で扱った動線記録（一人一人の動きを記録した紙）では来室者数481名であった。本研究の映像記録の1,239名はこの481名の記録を含んだ総数である。保健室コーナー来室者の男女別内訳は男児58.4％、女児41.6％であった。

2）園児の行動

園児の行動を映像から表情、発話、しぐさ、養護教諭との距離から行動の意味を読み取り、「空間」「甘え」「手当て」「付き添い」等17の行動に分類した。なお、行動の意味を読み取れないものは「あいまい」行動とした（図4-10）。なお、「その他」の行動には、本や上靴の返却、さがしもの、届け物、ぬれて干していたヤッケの受け取りなどが含まれる。最も高い割合を示した

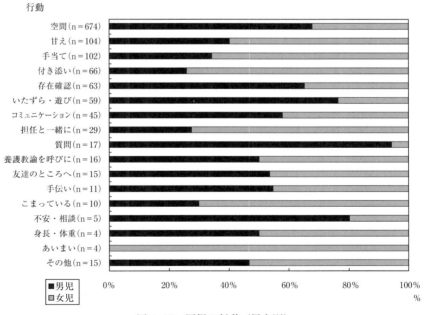

図4-10　園児の行動（男女別）

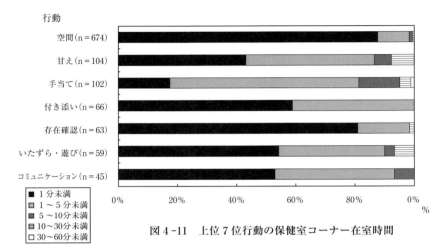

図4-11　上位7位行動の保健室コーナー在室時間

　ものは、走り抜ける、通り抜けるなどの保健室コーナーの空間を利用する「空間」行動であり54.4％、次いで「甘え」行動8.4％、「手当て」行動8.2％、「付き添い」行動5.3％、自分の存在を養護教諭に認めてもらいたい「存在確認」行動5.1％であった。男児に多くみられた行動は、「質問」「不安・相談」「いたずら・遊び」「空間」「存在確認」「コミュニケーション」であった。一方、女児に多く見られた行動は「あいまい」「付き添い」「担任と一緒に」「こまっている」「手当て」「甘え」であった。

　また、行動全体の約9割を上位7位が占めていることから、上位7行動に注目して保健室コーナー在室時間との関連をみると（図4-11）、「空間」行動と「存在確認」行動は1分未満がそれぞれ88.0％、81.0％を占めた。一方在室時間が1～5分未満が63.7％と最も高くなっているのは「手当て」行動であり、5～10分未満も13.7％と高くなっていた。次いで「甘え」行動では1～5分未満が43.3％、5～10分未満が5.8％、10～30分未満が7.7％であった。「付き添い」「いたずら・遊び」「コミュニケーション」行動は、1分未満とそれ以上の在室時間の割合はほぼ同程度であった。

第4章　養護教諭が行うプロトコル分析　81

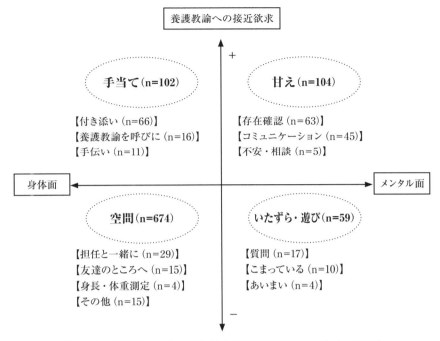

図4-12　保健室コーナーにおける園児の行動とニーズ（n=1,239）

3）園児の行動の特性

　17の行動を映像から園児の表情、発話、しぐさや養護教諭との距離のとり方から読み取り、《養護教諭への接近欲求》の強弱を縦軸に、《身体面・メンタル面》を横軸に配置した（図4-12）。たとえば「空間」行動は、養護教諭への関わりは求めておらず、空間を利用しているように推測される。4つのブロックの特性を比較すると、《養護教諭への接近欲求》が高く、《メンタル面》のニーズを持つものは217人で全体の17.5％を占め、同じく接近欲求が高く身体面のニーズを持つものは195人15.7％、《養護教諭への接近欲求》は低く、《メンタル面》のニーズを持つものは90人7.3％、同じく接近欲求は低く、《身体面》のニーズを持つものは737人59.5％であった。

表 4 - 9　上位 7 行動におけるソファーの接触の有無

人（％）

行動	接触有り	接触無し	計
空間	83　(12.3)	591　(87.7)	674　(100.0)
甘え	31　(29.8)	73　(70.2)	104　(100.0)
手当て	15　(14.7)	86　(84.3)	101　(100.0)
付き添い	16　(24.2)	50　(75.8)	66　(100.0)
存在確認	11　(17.5)	52　(82.5)	63　(100.0)
いたずら・遊び	18　(30.5)	41　(69.5)	59　(100.0)
コミュニケーション	11　(24.4)	34　(75.6)	45　(100.0)
計	185　(16.6)	927　(83.4)	1112　(100.0)

´4）ソファーへの接触行動

　園児の行動の中でソファーに触れる行動がしばしばみられた[5]ことから、「ソファーに触れる」行動に着目した。上位 7 行動におけるソファーの接触の有無をみたものは表 4 - 9 である。ソファーの接触有りは「いたずら・遊び」行動が18名（30.5％）と最も高く、次いで「甘え」行動が31名（29.8％）、「コミュニケーション」行動11名（24.4％）、「付き添い」行動16名（24.2％）であった。

5）行動出現の推移確率

　映像から園児のソファーに接触する行動に着目して、上位 7 行動のうち、ソファーに接触有りが20％以上の「いたずら・遊び」「甘え」「コミュニケーション」「付き添い」の 4 行動について養護教諭への関わり（視線・接近）との関連性を分析した。Bakeman と Gottman の理論を参考に「A：養護教諭と視線が合う」「B：ソファーに触れる」「C：養護教諭にタッチングする」「C'：養護教諭のそばに行く」の 4 つの行動出現についてデータから推移確率[34]を求めた（図 4 -13）。

　「いたずら・遊び」行動（18名：38 データ）では、視線が合った園児はすべてその後にソファーに触れる行動（1.00）をとった。次いで高かったのは養護教諭のそばに行った後にソファーに触れる行動（0.86）であった。

　「甘え」行動（31名：83 データ）では、視線が合った後にまた視線を合わせ

第4章　養護教諭が行うプロトコル分析　83

【いたずら・遊び】
データ：BABABABABBABBABBBB…

		Lag1			
		A	B	C'	
	A	0	8	0	8
	B	7	8	7	22
Lag0	C'	1	6	0	7
					37

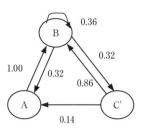

【甘え】
データ：ABCABABBACCABBAAC…

		Lag1			
		A	B	C or C'	
	A	1	9	5	15
	B	7	20	16	43
Lag0	C or C'	6	15	3	24
					82

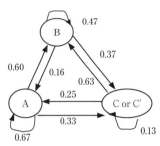

【コミュニケーション】
データ：BAAC'ABABAC'BBABBAA…

		Lag1			
		A	B	C'	
	A	3	7	3	13
	B	9	3	1	13
Lag0	C'	1	3	0	4
					30

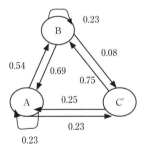

【付き添い】
データ：BC'BBBABBBBBBBBBBB…

		Lag1			
		A	B	C'	
	A	0	2	0	2
	B	2	15	1	18
Lag0	C'	0	1	0	1
					21

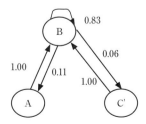

※A：視線　B：ソファー　C：タッチング　C'：養護教諭のそば

図4-13　園児のニーズと行動出現の推移確立

る行動（0.67）、養護教諭にタッチングする行動またはそばに行った後にソファーに触れる行動（0.63）、視線が合った後にソファーに触れる行動（0.60）が比較的高かった。

「コミュニケーション」行動（11名；31データ）では、養護教諭のそばに行った後にソファーに触れる行動（0.75）が最も高く、次いでソファーに触れた後に視線が合う行動（0.69）、視線が合ってからソファーに触れる行動（0.54）が高かった。

「付き添い」行動（16名；22データ）では、視線を合わせた園児はすべてその後にソファーに触れる行動（1.00）をとった。また、養護教諭のそばに行った園児はすべてその後にソファーに触れる行動（1.00）をとった。次いでソファーに触れた後にまたソファーに触れた行動（0.83）が高かった。

4．考察

1）園児の行動と特性

幼稚園養護教諭が養護活動を展開する場としての保健室についてみると、2000年の調査報告[12]によると「職員室・教官室」との共用が68.8％と最も多かった。本園でも保健室コーナーは職員室の一角に設けられている。参与観察日の欠席者は7〜18名と比較的多くなっており、これは2月末の寒さが厳しい時期であったこと、天候不順、風邪やインフルエンザ流行期であったことなどが原因と思われる。参与観察時間は一日につき園児の登園後から降園までのおおよそ3時間30分から4時間40分であった。園児たちの一日は、「登園—好きな遊び—おやつ・弁当—降園前のひととき」となっており、園児たちはその間自由に保健室コーナーへ来室できるようになっている。5日間の来室者をみると、第1日目が366名と最も多くなっていた。A幼稚園の行事をみると、調査日の第2日目から第5日目までは「一人歩き練習」「おひなさまパーティー」「観梅」などの行事があり、園児が行事に参加したり園外に外出していたが、第1日目は何も行事が入っておらず全園児が園内で

過ごしていたことが要因と考えられる。

　園児の保健室来室者数は、他の調査結果では、同規模の幼稚園において最多35人[12] や18.6人[11] という報告がある。本調査はそれらの報告に比べると大幅に大きな数字となっている。これは、紙媒体などによる記録と映像による記録の差を端的に表していると推察される。このことは、在室時間にも反映され、5分未満が71.4％という鈴木らの報告[11] に対して、本調査では来室園児の72.6％が1分未満であることから、短時間で退室する園児が多い。第1節で一人一人の動きを記録した紙から動線を分析したが、記録時は来室園児の大部分をカバーできたと考えていた。しかし、映像で確認したところ、紙媒体の2.6倍の数の園児たちが来室していた。これまでも記録に残された来室者だけで養護教諭の活動の実際を語ることはできない[20] と指摘してきた。三橋[35] が「授業研究では、まさに授業を再現可能な対象として授業記録を作成することから始まる」と述べており、養護教諭の保健室での対応場面においても詳細な分析を行うためには、映像を利用するなど観察方法を工夫して、より現実の子どもの姿や養護活動に迫ることが重要であり、そのことによってさらなる養護の追究につながっていく可能性が示唆される。

　園児の行動は「空間」行動が54.4％を占めた。さらに上位2〜7行動（「甘え」「手当て」「付き添い」「存在確認」「いたずら・遊び」「コミュニケーション」）で35.4％を占めた。園児の行動を男女別でみると、男児は「いたずら・遊び」「空間」「存在確認」が多くみられ、女児は「付き添い」「手当て」「甘え」が多くみられた。男児は動的行動、女児は静的行動に特色がみられるといっていいだろう。また、対象数は少ないが、男女差が表れたものに「質問」「不安・相談」が男児に多く、「あいまい」「こまっている」が女児に多くみられた。ピアジェは「幼児期は前科学的思考の時期」[36] としており、特に質問の多い3歳から4歳にかけての時期を「質問期」と呼ぶこともある[37]。また、ことばについていえば、幼児期にあっては男児は女児に比べて発達が全般的に遅いと言われている[38] ものの、ことばの活動・内容という点からみれば

男児がまさるという指摘[39]もある。映像から男児は質問や不安・相談をストレートに訴える傾向がみられたが、女児はもじもじしたり、ストレートに表現しない傾向がみられた。これらの性差については、幼児期の成長発達面の特徴とともに個人差も考慮しなくてはならない。一人ひとりの園児の特性に配慮して丁寧に対応することが求められる。

　来室者の約半数は、特に養護教諭の直接的な関わりを必要としない園児であること、残りの園児は養護教諭への接近欲求やメンタル面のニーズを抱えており、それぞれのニーズを行動から捉え、園児が求めるニーズに適合した対応が瞬時に求められる。そのことは1分未満の在室が全体の72.6％を占めていることからもいえる。とりわけ「空間」行動は、674名中593名（88.0％）が1分未満であった。これらの園児は、第1節において記録からもれた園児であると考えられる。

　対象園の保健室コーナーは、保育室、プレイルーム、おやつ室へ3方向の出入り口でつながっており、それぞれへの移動に園児が保健室コーナーを通り抜ける場合が多い。映像を詳細に確認すると、通り抜ける際には、養護教諭の姿を視線で確認したり、在室園児に目を向けたりなど保健室コーナーの空間を感じ取っている様子が観察された。すなわち、養護教諭の直接的な関わりを求めていないものの、養護教諭が保健室コーナーに存在することを確認しているとも考えられる。後藤による高校生対象の複数配置の調査では、「いつも保健室にどちらか（の養護教諭が）いるので安心する」が7割を占めていた[40]。高校生においても養護教諭の存在は安心感をもたらしているのであり、「些細なことで動揺する園児に対して、子どもに安心感を与えてほしい」という園児の保護者の養護教諭に期待する役割[41]はもっともなものといえる。一番多くを占めた「空間」行動にこそ、園児が無意識に保健室コーナーに求めるものがひそんでいるのかもしれない。

　これらの多様なニーズの特性を《養護教諭への接近欲求》の強弱と《身体面・メンタル面》の関係性でみたところ、4つのブロックに分類できた。《養

護教諭への接近欲求》が高く、メンタル面のニーズを持つものは全体の17.5％を占め、同じく接近欲求が高く、身体面のニーズを持つものは15.7％を占めた。《養護教諭への接近欲求》は高くなくメンタル面のニーズを持つものは7.3％、同じく接近欲求は高くなく身体面のニーズを持つものは59.5％であった。約6割は単純な身体面のニーズのみで養護教諭の深い関わりを必要としていない。一方、3割強が養護教諭による丁寧な対応を必要とすること、および約1割弱の園児は養護教諭へ接近しないが、メンタル面のニーズを持っている。「いたずら・遊び」行動は単なる空間利用とは異なり、園児は遊びを通して様々なものを習得し成長していくのであり[42]、その時に信頼する大人がそばで見守ってくれているという安心感を持つ中で[43]、友達との関わりを深めていくのであり、幼稚園教育要領、領域「人間関係」(2) の人に対する愛情や信頼感を持てるようになることにつながっていく[44]。遊び場面では、「見守る」「待つ」「気持ちを受け止める」といった間接的な「かかわり」が求められる[45]。養護教諭は接近してくる園児と接近してこないが、メンタル面での配慮が必要な園児を観察し、必要な援助をしていくことが重要である。また、養護教諭への接近欲求の高い「甘え」「手当て」「付き添い」「存在確認」「コミュニケーション」「不安・相談」「手伝い」等の行動においては、ニーズを受け止めるとともに園児の存在を認めることで、園児が認められる体験を重ねていくことによって自己肯定感の基盤の形成につながる[46]。

2）園児のニーズ別行動特性

　保健室コーナーでみられる「ソファーへの接触」に着目し、何らかの意味があるのではないかとの予測から、「養護教諭と視線が合う」「養護教諭にタッチング」または「養護教諭のそばに行く」行動出現の推移確率を求めた。ここでは、上位7行動のうちでソファーに接触有りが20％以上の4つの行動について分析した。推移確率は、事象が連続して表れるならば、ある事象A（Lag 0）が出現した後に起こる事象B（Lag 1）を遅延（Lag）して起こる事象

として捉える。つまり事象データを連続して配列した時に、個々の事象の出現頻度の推移を求めるのである[34]。ここでは、各ニーズにおける「ソファーへ接触」した園児の行動出現を連続して配列して、どの行動の後にどの行動が出現するかを確率で求め、その特色を探った。

《養護教諭への接近欲求》が高く、メンタル面のニーズを持っている「甘え」「コミュニケーション」行動の行動出現の推移確立をみると、「甘え」行動では視線が合ってからソファーに触れる行動が多くみられた。また、「甘え」行動は養護教諭にタッチングするあるいはそばに行った後にソファーに触れていた。甘えたいというニーズは、まずは養護教諭への接近が大きな意味をもち、安心したり欲求が満たされたりするものと推測する。そして、その満たされたことを表現する行動としてソファーに接触するのではないかと予測する。「コミュニケーション」行動では、養護教諭のそばに行った後にソファーに触れる行動とソファーに触れてから視線を合わせる行動が多く、「甘え」行動とは異なっていた。コミュニケーションしたいという園児の欲求の合図としてのソファーに触れる行動の表出という側面も考えられる。

次いで、《養護教諭への接近欲求》が高く、身体面のニーズを持っている「付き添い」行動をみると、視線の後にソファーに触れる、そばに行った後にソファーに触れる行動には関連性はみられたが、視線とそばに行く行動との間には関連性はみられなかった。「付き添い」行動は、付き添うということを通して間接的に養護教諭と関わるという微妙なニーズが読み取れる。

次いで、《養護教諭への接近欲求》は高くないが、メンタル面のニーズを持つ「いたずら・遊び」行動をみると、養護教諭と視線が合った園児はすべてソファーに触れていた。次いで、養護教諭のそばに行ってからソファーに触れていた。このことから、「いたずら・遊び」行動には、養護教諭によって見られることが園児の満足につながっているといえる。

このように、「ソファーに触れる」行動は、園児のニーズが充足した時の表出行動と考えられるものが多かったが、園児の欲求の合図としての表出行

動と考えられるものもあった。保健室コーナー利用児の行動は、養護教諭に触れる、そばに行く、視線を合わせる以外にも、なんらかのサインを含んでいるものが存在することが示唆された。

以上の園児の行動とその意味から、養護教諭は園児のニーズを捉える際には、発話だけでなく非言語行動を含めた行動面も注意深く観察する必要があること、さらに園児のニーズが養護教諭の対応によって満たされた場合と満たされなかった場合に、園児がどのような行動をとるのかを探求していくことは、養護の本質をより明らかにしていくことにつながっていくであろう。

また、保健室コーナーに園児が「養護教諭が存在すること」を期待していると考えられる様子も観察された。幼稚園に養護教諭が配置されることは、園児の情緒の安定につながると考えられる。田中[47]は、子どもたちが何を求めているかをつかむことは、教育が教育として成立するための基本的な条件であると述べている。養護教諭においても、より良い養護を成立させるためには、子どもの求めているものをあらゆる方向から捉える必要がある。

本節では、行動に着眼して園児が求めているものを探ろうと試みた。研究の限界として、ビデオ撮影を行ったがビデオカメラはコードの延長範囲内で撮影したため、低い音声は発話を拾えなかったことが挙げられる。園児がどのような発話をして、それに対して養護教諭がどのような発話をしたのか、今後は、ICレコーダーを併用するなどデータ収集法を工夫して、より厳密な発話プロトコル分析が重要である。

第3節　養護の探索的研究—園児と養護教諭の発話プロトコル分析から—

1．目的

幼児期の発達段階は、身近な対人関係や外界に目を向けはじめる人間化への第一過程にある大切な時期である。言語発達の未熟な園児に対する養護教

論の対応には、養護の原理が凝縮されているものと推測される。このことは、幼稚園における教育の目標の第1項目目に「(1) 健康、安全で幸福な生活のために必要な基本的な習慣を養い、身体諸機能の調和的発達を図ること。」（学校教育法第23条）と掲げられていることと呼応する。本節では、園児と養護教諭の発話プロトコル分析を行い、養護を抽出することを目的として、幼稚園の保健室コーナーの参与観察を行った。

2．対象および方法

　対象は、I大学教育学部附属幼稚園の保健室コーナーでの養護教諭と来室園児である。方法は、養護教諭と園児の発話をICレコーダーに録音するとともに、対応場面をビデオ録画した。調査期間は、2011年2月17日（木）〜23日（水）の5日間（8時30分からおおむね13時まで）である。分析方法は、録音された会話を逐語録に起こし、逐語録とビデオ録画映像をプロトコル分析[4]を用いて分析した。なお、本報告では、2月17日に収録した18事例のうち完全にビデオ録画できた14事例を対象とした。倫理的配慮については、研究目的等を文書と口頭で園長及び副園長に説明し、その後職員会議で了承を得た。

3．結果および考察

　在籍園児数は、年少（3歳児）1クラス、年中（4歳児）2クラス、年長（5歳児）2クラスの5クラス、計150人である。インフルエンザ流行期であったため、調査期間の登園園児数は123〜135名であった。対象の14事例の特性は表4-10に示すとおりである。対応時間の平均は、1分48秒であった。発話数は、養護教諭が322回、園児が196回の計518回であった。

　このうちNo.2の1事例のプロトコル分析を行った結果を表4-11に示した。対象園児は、5歳児女児である。在室時間は、1分57秒であった。発話プロトコルは、養護教諭23回、園児16回の計39回であった。発話内行為は、養護教諭では18項目が導き出され、多いものは質問8回、受容5回、理解の補足

第4章　養護教諭が行うプロトコル分析　　91

表4-10　対象14事例の特性（第1日目；2011年2月17日）

事例 No.	性別	年齢	訴え	対応時間(")	発話回数		
					養護教諭	園児	計
1	女児	5	擦り傷	81"	20	17	37
2	女児	5	自分でつねった	117"	23	16	39
3	男児	5	家の階段から落ちた	100"	18	17	35
4	男児	4	切り傷	62"	17	8	25
5	男児	3	ぶつけた	230"	56	23	79
6	女児	5	お腹が痛い	197"	30	17	47
7	男児	4	副園長先生を捜して	111"	18	17	35
8	女児	5	挨拶	2"	1	1	2
9	女児	4	ぶつけた	104"	20	10	30
10	女児	4	皮むけた	53"	14	10	24
11	女児	4	ぶつけた	111"	22	10	32
12	女児	5	ぶつけた	175"	30	20	50
13	女児	4	お腹が痛い	101"	26	15	41
14	男児	5	ころんだ	75"	27	15	42
				平均 108.5"	322(62.2)	196(37.8)	518(100.0)

　3回であった。質問のうち7回はオープンクエスチョンであった。園児では11項目が導き出され、応答6回、訴え、感嘆、質問が各2回であった。幼稚園教育要領との関わりをみたところ、養護教諭では言葉に関する内容が10個、健康に関する内容が7個、人間関係に関する内容が6個、表現に関する内容が1個であった。園児では、言葉に関する内容が11個、表現に関する内容が5個であった。養護の解釈を試みたところ、9項目導き出され、子ども理解のための情報収集が最も多く6回、次いで保健指導4回、励まし4回が続いた。想像力育成・想像力喚起や思考の促しは、子どもを育てる教育者としての働きかけであり、養護教諭は子どもの成長発達を支援している根拠となるだろう。さらに養護教諭の行動をサンプリングし、視線とタッチングに着目し解析単位を5秒として時間に沿った行動変化をみた。養護教諭が園児を見ている時間は80秒であり全体の68.4%を占めた。そのうち園児と視線が合ったのは5回であった。タッチングでは75秒間園児の手をさすった他には、右腕をポン、手を握る、肩に手をかけるが各1回計25秒みられた。全体の85.5%でなんらかのタッチングを行っていた。

92

表4-11　養護教諭と園児のプロトコル分析

事例1　2011年2月17日（木）　9：08'23"〜9：10'26"（1'57"）女児；5歳児　Y：養護教諭，C：園児

時間	発話プロトコル	発話内行為
0'00"	C：（子どもが現れる）	（要求）
	Y：はい、おはよう、○○ちゃん	承認、受容
	Y：何したの？	質問
0'10"	C：あの、今、ここつねったの	主訴
	Y：誰が？	質問
	C：○○ちゃんが	応答
	Y：自分で？	質問
0'20"	Y：つねったらいかんは。○○先生も痛いわ。	注意、理解の補足
0'30"	Y：そりゃあそうだ	反復
	Y：泣いてる、○○ちゃんの手が	理解の補足
	C：うん	応答
	Y：○○ちゃん、自分でつねったら、○○ちゃんの手泣くじゃん	理解の補足の協調
	C：うん	応答
0'40"	C：とばすよ	表明
	Y：雪がふりそうな空に飛ばす	受容、イメージの拡張
	C：えー	感嘆
	Y：どことばす？	質問
0'50"	C：うーん	思考
	Y：手が冷たい	受容、説明
	C：皮むけてる	訴え
1'00"	Y：えー	受容、驚き
	Y：なんかくやしいことあったの？　○○ちゃん	質問、慈愛
1'10"	C：ないよ	応答
	Y：今日何？	質問
	C：海賊さんを探してる	応答、説明
1'20"	Y：がんばって探してください	励まし
	Y：はい、飛ばしました。行ってらっしゃい	気分転換、提案
	C：どこに？	質問
	Y：どこだと思う？	質問
1'30"	C：うふふ	想像
	Y：お空の向こう、アメリカの空の方	応答、想像力の喚起
	C：えー	感嘆
	Y：○○ちゃん	声掛け、慈愛
	C：なんでー	質問、甘え
1'40"	Y：だまってとばしちゃった	応答
	Y：どこでやってるの？プレイルーム？	質問、気分転換
	C：うん	応答
1'50"	Y：じゃ、いっておいでよ	進言
	C：こっちだ	決心
	Y：こっちか、いってらっしゃい	受容、見送り

■：養護教諭が子どもを見る　　□：養護教諭と子どもの視線が合う　　▨：手をさする

＊：瞬間サンプリング（解析単位：5秒）

質問形態	幼稚園教育要領との関わり	養護の解釈	行動サンプリング＊	
			視線	タッチング
オープン	人間関係、言葉（挨拶）	承認		
	言葉の促し	情報収集		
	言葉（言葉で表現する）			
オープン	言葉の促し	情報収集		
	言葉（言葉で表現する）			
クローズ	言葉の促し	情報収集		
	健康（自分の身体に関心を持たせる）	保健指導		
	健康の強調	保健指導		
	健康状態の説明	保健指導		
	言葉（相手の話を聞く）			
	健康状態の説明	保健指導		
	言葉（相手の話を聞く）			
	言葉（言葉で表現する）			
	表現（豊かなイメージ）	想像力育成		
	表現（豊かな感性の表現）			
オープン	言葉の促し	思考の促し		
	言葉（自分なりに考える）			
	健康状態の説明	受容		
	言葉（言葉で表現する）			
	言葉（驚きを伝える）	受容		
オープン	人間関係（人とかかわる力）	情報収集		
	言葉（言葉で表現する）	情報収集		
オープン	言葉の促し			
	言葉（言葉で表現する）			
	健康（伸び伸び遊ぶ）	励まし		
	人間関係（遊びの促し）	励まし		
オープン	言葉（尋ねる）			
オープン	言葉の促し	想像力喚起		
	表現（自分の感情表現）			
	言葉（想像する楽しさ）	想像力喚起		
	表現（自分の感情表現）			
	人間関係（愛情や親近感）	受容		
オープン	表現（自分の感情表現）			
	人間関係（かかわりの喜び）	信頼関係		
オープン・クローズ	言葉の促し	情報収集		
	言葉（言葉で表現する）			
	健康（伸び伸び遊ぶ）	励まし		
	表現（自分の感情表現）			
	人間関係（かかわりの喜び）	励まし		

▤：右腕にポン　▥：手を握る　▨：肩に手

次いで、14事例全体のプロトコル分析を行った結果、発話内行為（図4-14）、幼稚園教育要領との関わり（図4-15）、養護の解釈（図4-16）、養護教諭と園児の視線（図4-17）、タッチングの時間（図4-18）、対応時間全体におけるタッチングの割合（図4-19）を図示した。

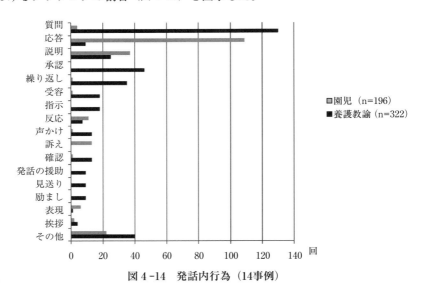

図4-14　発話内行為（14事例）

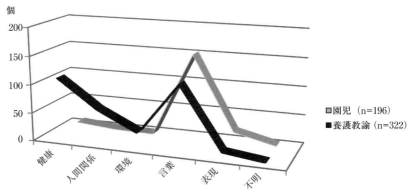

図4-15　幼稚園教育要領との関わり（14事例）

第 4 章　養護教諭が行うプロトコル分析　95

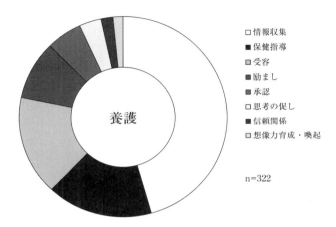

図 4-16　養護の解釈（14 事例）

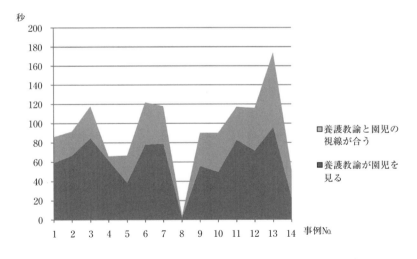

図 4-17　養護教諭と園児の視線（14 事例）

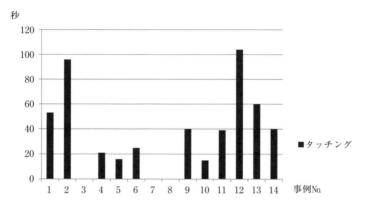

図 4-18　タッチングの時間（14事例）

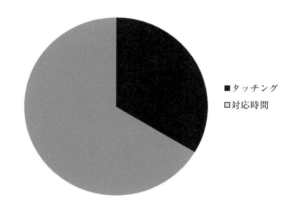

図 4-19　対応時間全体におけるタッチングの割合（14事例）

　発話内行為は、養護教諭では、質問、承認、繰り返しが多かった。園児では、応答、説明が多かった。幼稚園教育要領との関わりでは、養護教諭は健康と人間関係と言葉が、園児は言葉と表現が多かった。養護の解釈では、情報収集が最も多く 45.7％、次いで保健指導、受容、励まし、承認、思考の促

しが多かった。情報収集には問診が含まれていた。保健指導には、食事、排せつ、衣服、清潔など生活習慣や健康に関わる指導が含まれ、一部お花をとってはいけませんなどの生活指導が含まれていた。受容は、園児が来室した際や園児の応答に対してみられた。励ましは園児がクラスに戻る際にみられた。承認は、おもちゃをほめたり、縄跳びができたことをほめたりなどの際にみられた。また思考の促しは、園児の言葉に対してなぜそう思うのか等の養護教諭の気づきの場面にみられた。養護教諭と園児の視線では、対応時間全体（1,519秒）の56.0%（851秒）において、養護教諭が園児を見ていた。そのうち、養護教諭と園児の視線が合ったのは30.3%（461秒）であった。タッチングの時間の割合は、対応時間全体の33.5%（509秒）において、タッチングが行われていた。手をさする、肩に手をおく、お腹をさする、手を握るなどさまざまなタッチングが行われていた。

　本研究から、養護教諭は園児の状況を捉えるために園児が理解できるように丁寧に問診を含めた質問をし、園児はそれに対して応答していた。養護教諭は園児の応答に対して繰り返しを用いながら、承認・受容して成長発達の援助をしていることが把握された。幼稚園教育要領との関わりをみると、養護教諭は健康、人間関係、言葉に比重が高く、養護教諭は園児との言葉のやり取りの中で健康に生活するための指導や人間関係の構築に向けて支援していることが把握された。また、養護の解釈より情報収集を基本として分析・判断し、必要な保健指導と受容を中心に養護を行っていると考えられた。さらに園児と養護教諭の対応1事例の分析結果から、子どもを認め、子どもを理解し、子どもを観察しながら成長発達の援助をし、集団に戻る応援をする一連の発話系列構造が捉えられた。養護教諭は短い対応の中で、その子どもに必要な成長発達に関わる教育的支援の判断をし、発話と非言語的行動により養護実践を行っていることが確認された。

文献

1）能智正博：質的研究法，2-5，東京大学出版会，2016

2）前掲書1），10

3）前掲書1），36

4）海保博之・原田悦子編：プロトコル分析入門，新曜社，2004

5）斉藤ふくみ・三嶌香里・金田（松永）恵・木下正江・森よし江：幼稚園保健室コーナーの参与観察—園児の動きの分析を中心に—，茨城大学教育学部附属幼稚園研究紀要，101-111，2010

6）斉藤ふくみ・萩谷香里・松永（金田）恵・木下正江・森よし江：幼稚園保健室コーナーの参与観察—園児の行動に着目して—，日本養護教諭教育学会誌，14(1)，21-31，2011

7）斉藤ふくみ・内田信子：養護の探索的研究—園児と養護教諭の発話プロトコル分析から—，日本養護教諭教育学会第19回学術集会抄録集，140-141，2011

8）文部科学省：2008年度学校基本調査

9）中央教育審議会：「子どもの心身を守り、安全・安心を確保するために学校全体としての取組を進めるための方策について」（答申），2008

10）後藤ひとみ・天野敦子・三木とみ子：幼稚園における養護教諭の活動に関する調査の報告—国立・公立の実態から—，学校保健研究，42，Supple.，528，2000

11）鈴木薫・五味田園子・山口智佳子：国立大学附属幼稚園養護教諭の現状と課題，全国国立大学附属学校連盟研究収録，37，74，80，2002

12）後藤ひとみ・天野敦子・三木とみ子：幼稚園における養護教諭の活動に関する調査の報告，3，2000（非公開）

13）鈴木薫・下村義夫：幼稚園における養護教諭の保健指導についての検討—歯の内容と保護者の連携に着目して—，日本教育保健学会年報，5，53-66，1998

14）鈴木薫・下村義夫：幼稚園に於ける養護教諭の保健指導についての検討—排便指導について—，国立大学教育学部附属幼稚園研究報告，27，70-81，2000

15）渡辺誓代：M児の姿を通して（4〜5歳児），金沢大学教育学部附属幼稚園紀要，51，84-96，2005

16）太田誠耕・早川三野雄他：保健室での児童行動と養護教諭の対応に関する研究—第一報児童生徒行動の観察項目の作成と分析的観察の意義—，学校保健研究，31(1)，43-50，1989

17）大谷尚子・山中寿江他：保健室空間の意味に関する研究—参与観察法による分析から—，学校保健研究，44(1)，22-36，2002

18）前掲書12），4

19）前掲書11），77

20）山田ふくみ：保健室来室者に関する一考察―記録に残る生徒と残らない生徒との比較検討を通して，北海道福島商業高等学校研究紀要，9，1-6，50，1990

21）前掲書11)77

22）文部科学省：幼稚園教育要領，13-16，チャイルド本社，2009

23）友定啓子：幼稚園教育要領の改訂のポイント　領域・人間関係，別冊発達，29，54，2009

24）銭谷眞美：幼稚園保健の現状と展望，日医雑誌，114（4），468，1995

25）横山文樹：幼稚園における子どもの「人とのかかわり」に関する考察(2)―子どもの「精神発達」と保育者の「援助」の関係―，学苑・初等教育学会紀要，824，53，2009

26）齋藤文雄：幼稚園健康保育の實際，幼児の教育，41（8-9），5，1941

27）前掲書22），9-25

28）河邉貴子：Ⅱ幼稚園教育要領の改訂のポイント　領域・健康，別冊発達，47，2009

29）文部科学省：2010年度学校基本調査

30）前掲書24），470

31）多田敦子・川口千鶴・朝野春美・黒田光恵：幼稚園・保育所における子どもたちの健康問題と障害をもつ子どもの受け入れの現状―ある地域における幼稚園教諭・保育士に対するアンケート調査の結果から―，自治医科大学看護学部紀要，4，58-61，2006

32）スティーヴン・ヴィノキュアー：スキナーの言語行動理論入門（佐久間徹・久野能弘監訳），10，ナカニシヤ出版，1984

33）岡本依子・菅野幸恵編：親と子の発達心理学　縦断研究法のエッセンス，41，新曜社，2008

34）Bakeman, R. & Gottman, J. 1986 :Observing interaction-An introduction to sequential analysis, 123-128, Cambridge University Press, London.

35）三橋功一：教科教育学における学生の授業研究能力の向上をめざした授業観察・記録の方法，教科教育学研究，16，136，1998

36）波多野完治・依田新編：児童心理学ハンドブック，117，金子書房，1965

37）大田堯編：岩波講座　子どもの発達と教育4　幼児期　発達段階と教育1，135，岩波書店，1979

38）前掲書37），136

39）前掲書36），171

40）後藤ひとみ：生徒からみた複数配置，学校保健のひろば，45（10），35，1997

41）三村由香里：Ⅳ幼稚園配置の必要性（6）養護教諭に期待する役割（日本教育大学協会全国養護部門　養護教諭の養成と採用に関する研究委員会「養護教諭の養成教育と配置の充実をめざして」），83，2002

42）工藤真由美：現代児童文化の一考察，四條畷学園短期大学紀要，42，18，2009

43）高橋真由美：幼稚園教育実習における学生の学びに関する一考察—幼児理解に着目して—，藤女子大学紀要，45，77，2008

44）前掲書23），54-56，

45）前掲書25），60

46）前掲書23），59

47）田中孝彦：人が育つということ，3，岩波書店，2000

第5章 宮本常一の民俗学的手法を用いて

　養護教諭の前身の学校看護婦が明治38（1905）年に岐阜県羽島郡竹ヶ鼻小学校と笠松小学校に近くの病院から看護婦が雇い入れられて学校に勤務してから、ほぼ120年となる。広瀬ますをはじめ、千葉たつなど幾人かの先達の手記を私たちは手にして読むことができる。しかし、その他の数多くの学校看護婦、学校衛生婦、養護訓導らの実際の仕事を知るにはどうしたらよいだろうか。

　筆者は、日本を代表する民俗学者の一人である宮本常一に注目した。宮本は1907年に山口県周防大島の農家に生まれ、1981年に他界した。戦前から高度成長期まで日本各地をフィールドワークし続け、膨大な記録を残した。著作数は1万を超えるとも言われている。宮本の庶民の観点と足で集めたデータと生活者の観察眼には定評がある[1]。地を這うような研究手法にヒントを得て、養護教諭を取り巻く歴史を紐解こうとして着手した研究[2][3][4]を紹介する。

第1節　宮本常一の民俗学的文献研究（1）―健康教育に視点をあてて―

1．目的

　子どもたちの心身の健康に影響を与える生活習慣の確立やストレスへの対処など、学校で行われる健康教育の重要性が高まっている。本研究は、近年の学校保健領域における学校、家庭、地域の役割と連携が強調される状況を踏まえて、我が国がこれまで培ってきた子どもを取り巻く環境について家庭、地域の役割に着眼し検討する材料を得るために、宮本常一の著書の文献研究

を行い、健康教育に活かすことができる何らかのヒントを読み取ろうと試みた。

2．対象および方法

　宮本常一（1907年～1981年）の著書のうち、子どもについて比較的多く記述されている「家郷の訓」[5]「日本の子供たち」[6]「愛情は子供と共に」[7]の3著を対象とした。宮本は、村人の生活をありのまま記述する手法を取っているので、分析方法は対象著書の記述に忠実に子どもを取り巻く人々のあり様について描写されている部分に注目した。

3．結果および考察

　宮本が全国各地の村々を歩き廻って、村人（主として古老）から生活について聞き取ったのは、昭和初期からである。古老の幼少のころから語られるため、江戸時代末期の人々の生活にまでも遡る。宮本が歩いた時代は「子は宝」という考え方が日本のすみずみまでゆきわたっていた時代である。デュルケーム[8]の「われわれが則らなければならない人間像をわれわれに描いてみせるものは社会であり、社会組織のあらゆる特徴が反映されている」という言葉から、その時代の子どもを取り巻く社会を繙いていくことで、何等かの示唆を得ることができるであろう。子どもを取り巻く明治から昭和初期の社会は図5-1のように要約される。宮本が記述した子どもを取り巻く社会からその特徴を次の5点にまとめ得た。①子どもの公有 ②子どもの能力の神聖視 ③生活体験（シツケ）④深い愛情と叡智 ⑤息災と祈り。この時代の子どもは、有機的に組織された村の中にあって、家庭、村人と多くの人々に見守られ、主に労働（手伝い）を子どもの頃から重ねていくことを通して人として生きていく術を教えられ、貧しくともたくましく健康な心身が育まれていった。「子の健康のことは実によく留意した」、祖父は孫に「野山の野草の食べられるもの、食べられないもの、薬用のものを教えた」などの家族・村

第5章　宮本常一の民俗学的手法を用いて　　103

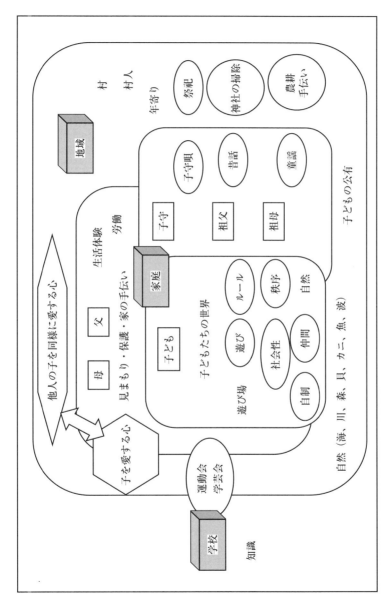

図5-1　明治から昭和初期の子どもを取り巻く社会

人が子どもに施した健康教育の記述をみることができる。健康教育を推し進めていくにあたって「生活体験」「自然体験」「遊び場の確保」「関わる人たちの見まもり」等が付帯的視点として捉えられる。さらに子どもの教育を担うのは必ずしも専門家ではなく、市井の人々が重要な役割を果たしていた。かつて家庭・地域が担っていた役割が次第に学校教育にゆだねられていった。

第2節　宮本常一の民俗学的文献研究(2)―養護に視点をあてて―

1．目的

　宮本常一の著書に注目して文献研究を進めるなかで、前節では健康教育に視点を当て得られた知見を述べた。本節は、それを踏まえたうえで、日本の庶民の生活の中に「養護」が存在するという仮説のもと探索的研究を試み、小倉[9]と大谷[10]が到達している「養護」の概念とのつながりや関わりを時代経過の中で考察した。

2．対象および方法

　対象は、宮本常一の著書の中でも子ども学や教育学を志す者の必読の書として推奨される「家郷の訓」[5]「日本の子供たち」[6]「愛情は子供とともに」[7]の3冊と宮本の生い立ちを追うべく「父母の記／自伝抄」[11]を加えた4冊である。これらの記述の中から、「養護」に該当すると考えられる記述を抽出した。なお、「養護」の概念規定は大谷[10]による「養護とは、人間が未熟な存在から、自立した人間に向かっていく成長・発達過程にあって、そのニーズに応じた働きかけをしていくことであり」、その活動は「一人ひとりのからだを護り、健康の維持増進をはかっていくと共に、一人ひとりが社会の中で自立した人間として成長できるよう育む働きかけである。」を拠り所とした。さらに、「養護」が養護教諭の職務として規定された法規との関わりを捉え

ながら、養護教諭の専門性である「養護」について考察した。

3．結果および考察

　宮本は、昭和14年から全国の村々を歩いて村人から生活について尋ねて記録していった。古老からの幼少のころの話は江戸末期にさかのぼる。日本人にとっての未来は子どもであり、子どもは母親だけでなく、父親、年寄、子ども仲間、そして村人たちによって育てられた。「子どもの健康のことに留意して下さった」「子どものからだと命をいたわってくれる」「子どもたちの言うことを素直にきいて味方になった」「子を愛しつつ、たえず社会へと押し出して行ったのが、過去の庶民社会の伝統であった」「神事への参加、童謡、昔話、あそびなどを通じて、子どもたちはしだいに社会的な人格が形成せられるのである」等の記述から、明治から昭和初期の人々は宝である子どもを村人みんなで見守り、健康で良き人となり、社会で働き次代を育てる大人となるよう力を合わせて育くんでいた様子が生き生きと浮かび上がり、母親を主として人々が「養護」を担っていたと推測される。ここでの「養護」は小倉[9]と大谷[10]から導かれる養護（図5-2）につながるものである。その後、昭和4年「学校看護婦ニ関スル件」において北[12]により全国の学校看護婦の職務統一が図られ、「養護ノ徹底ヲ図ルハ極メテ適切ナルコト」、昭和16年国民学校令で「養護訓導…児童ノ養護ヲ掌ル」、昭和17年「養護訓導執務要項」では「養護訓導ハ…児童ノ養護ニ従事スルコト」、昭和22年学校教育法において「養護教諭は児童の養護を掌る」となった。これらの一連の規定により、素人である人々が担っていた「養護」が「養護」を専門とする養護教諭へ委嘱されたと考えられる（図5-3）。その後昭和47（1972）年および平成9（1997）年保健体育審議会答申[13][14]、平成20（2008）年中央教育審議会答申[15]、続く学校保健安全法の改正[16]、そして平成27（2015）年中央教育審議会答申[17]により、養護教諭の職務の整理と養護機能の高次化が進み、養護教諭は、関係者をコーディネートする役割を担うように発展してきた（図5-4）。

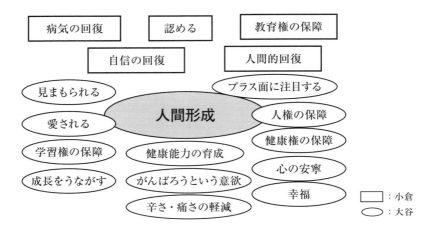

図5-2　小倉[9]と大谷[10]から導かれる養護

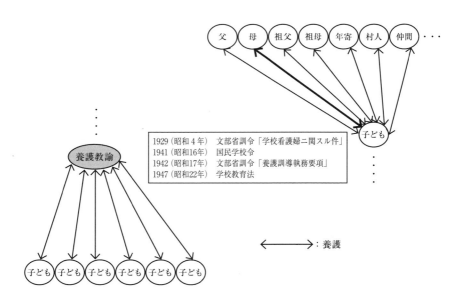

図5-3　養護の担当者としての専門職（養護教諭）への養護の委嘱

第5章　宮本常一の民俗学的手法を用いて　107

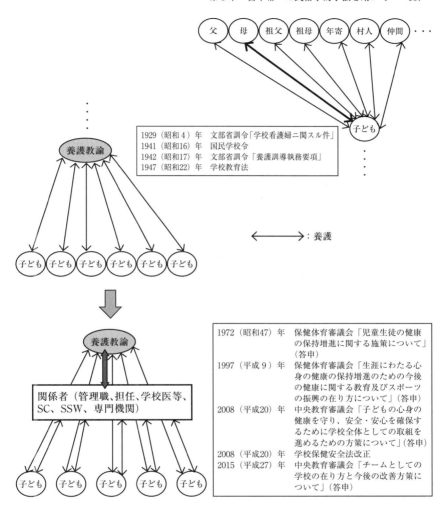

図5-4　養護の専門職（養護教諭）として養護機能の高次化

108

　本研究から実際に行われていた庶民の養護を捉えることができた。現在、養護教諭が担い、深化させてきた養護が熟成してきたと考えており、学校だけでなく、子どもを取り巻く家庭、地域社会等に浸透させていく時代に入っていると捉えている。

第3節　養護教諭対象の聞き取り調査—宮本常一の民俗学的手法を参考に—

1．目的

　平成23（2011）年に養護教諭は職制70年を迎えた。この間、社会、経済、環境等の変化の中で子どもの健康問題が変容し、それに伴い養護教諭の実践も変化し複雑化している。これまで宮本常一の民俗学的手法を参考に健康教育や人間形成、養護の位置づけや担い手を探ってきた。本研究は、宮城県の一養護助教諭に聞き取り調査を行い、高度経済成長期から昭和後期にかけて養護教諭が担った役割と職に対する思いを拾い上げて、養護の意味を見出すことを目的とする。

2．対象および方法

　対象は宮城県のS養護助教諭（1958年〜1982年在職）であり、方法は聞き取り調査である。調査日は2011年12月23日である。対象者に対して倫理的配慮について口頭で説明し同意を得たうえで発話を録音した。録音データを逐語化し質的に分析した。

3．結果および考察

1）宮城県の養護教諭の推移

　宮城県で学校看護婦が配置されたのは、昭和6年のことであり34名であった[18]。その後次第に増加し、S養護助教諭が赴任した昭和33年には小学校に

おいては養護教諭197名、養護助教諭5名であった。全国的には昭和33年の小学校の養護教諭配置率は25.3％[19]であり、S養護助教諭の語りは当時の養護教諭の状況を知る貴重なものである。

2）S養護助教諭の聞き取りから

　宮本[20]は、聞き取り調査はことばそのものの持っているひびきを大切にすること、その人が話したいことをじっと聞くことをよしとする。S養護助教諭の発話の概要は、表5-1のとおりである。S養護助教諭は、赤痢の流行を心配した教育長より強く要請されて養護助教諭になったものであり、「（養護教諭について）なーんにもわからなくてね。ただね学校にいればいいのって言われてね。」養護教諭の仕事については「たとえば子どもたち、大勢来てるところの子どもたちが、『先生、家でこうだよ、あーだよって』っていろいろ聞きもしないのに、いろいろ話してくれるんですね、子どもって。そうなんですね。そういう子どもがあったけど、かわいそうだなって思って、そういうときはね。そう思って暮らしたりなんかしました。」と子どもの家庭状況を把握したうえで、その子の心情を受容して包み込むようないつくしみを持って接する仕事であると考えている。さらに仕事をして一番良かったのは「（小学校が独立した時にいらした）校長先生にぐいぐいと引っ張られるように、みんな本当に物事、PTAもがんばったし、あれでしたよ、よかったですね、あの校長先生は。」と語り、校長との出会いが挙げられた。学校に勤務する教職員の一員として、指導力のある校長に仕事（教育）を導かれた様子が語られた。表5-2は、この校長の強い牽引力でまとめられた随想集「みんな　はんな」（はんなは同校閉校時の教務主任のお話より、「意地はんな」、翻ってみんな素直になれの意ではないかとのこと）に掲載されたS養護助教諭の随想である。養護教諭について何も教わらずに勤務して3年目に書かれたものであり、まさにこの文章には養護が存在しているといえる。

表5-1　S養護助教諭の聞き取りから

年代	事柄	子どもの健康	仕事の内容
大正12(1923)年12月28日	出生		
	高等小学校から看護学校へ		
18歳	看護婦の資格取得		
21歳	助産婦の資格取得		
昭和22(1947)年	結婚		
	助産婦として働く	赤痢	洗眼・点眼、手洗い指導、歯みがき指導、電話番、給食（ミルク給食→完全給食）、トイレの見回り、井戸水・水道水の消毒、校内巡視、健康観察簿、担任の補欠、保健だより、学校保健委員会、健康診断のデータ処理
昭和33(1958)年11月1日	T町教育委員会に採用される。○○分校勤務	トラホーム、水痘、蟯虫卵、頭じらみ、てんかん、風しん、インフルエンザ、腹痛、心（優しくしてほしい）	
昭和35(1960)年4月1日	○○小学校として独立		
昭和36(1961)年	随想集「みんな　はんな」		
昭和47(1972)年	幼稚園兼務		
昭和57(1982)年4月1日	退職		

表5-2　S養護助教諭の随想「保健室のお客さん」（「みんな　はんな」収録）

　とび石連休もおわって、朝の集会もはじまろうとする月よう日。職員室へかおをだした二年生の女の子
「ようごの先生、ちよみちゃんが、はらいでんだと」と、わたしの姿をみて、ろうかの方をきにしながらはなす。
おもわず「どうしたの　朝っからなにたべてきたの」といったら、うつむきながら、「先生めまわってネ、はらいての」「どれ」
（中略）
ベッドの中でグッスリ一眠り
（中略）
「もういたくないの」「うん」又にっこりする。
（中略）
保健室には、このようなおきゃくさんがたびたびおとづれる。くすりをのまなくても結構、保健室のベッドにねただけで、なおる豆患者さんたちである。これは単なる遊びづかれだろうか。或いはもっと他のものをもとめているのではないだろうか。保健室へいけば、やさしくいたわってもらえる、といったきもちで、家庭でみたされなかったもの精神的な、いこいの場所としているのではなかろうか。
（中略）
このような豆患者さんだったら、今後も大いに保健室を利用してくださることを歓迎いたします。

第4節　質的研究としての民俗学的手法

　天野は、養護教諭に特有の質的研究手法の開発が望まれる[21]と述べた。私たち養護教諭関係者は、主として看護学における質的研究手法の先行成果と質的研究手法の修正型[22]やKJ法の応用型[23]を参考に研究に取り組んできた。養護教諭が学校教育現場で行う養護実践の営みを正確に捉える手法は、養護教諭自身が探っていかなくてはならない。筆者はその一つの試みとして宮本常一の民俗学的手法[20]に倣っていくつか研究した。その結果、養護教諭の養護は数字で表すことは難しく、さらに質的研究手法の一般的なコード化・カテゴリー化の手法においては、ある程度研究されつくして、新たな知見の発見にはさらなる深い分析と検討を重ねていかなければならない。そのような中、より個別性に着目した研究手法に今後光が当てられていくことが予測される。筆者が試みた宮本常一の民俗学的研究手法がその一つとして、養護教諭の実践研究手法として育っていくことを期待したい。

文献

1 ）佐野眞一：旅する巨人，文藝春秋，2005
2 ）斉藤ふくみ：宮本常一の学校保健学的文献研究(1)―健康教育に視点をあてて―，第56回日本学校保健学会講演集，51 (Suppl.)，209，2009
3 ）斉藤ふくみ・小瀬古貴子：宮本常一の学校保健学的文献研究(3)―養護に視点をあてて―，第58回日本学校保健学会講演集，53 (Suppl.)，292，2011
4 ）斉藤ふくみ・小瀬古貴子：養護教諭対象の聞き取り調査(1)―宮本常一の民俗学的手法を参考に―，第59回日本学校保健学会講演集，54 (Suppl.)，172，2012
5 ）宮本常一：家郷の訓，岩波文庫，1984
6 ）宮本常一：日本の子供たち，未来社，1975
7 ）宮本常一：愛情は子供と共に，未来社，1978
8 ）E. デュルケーム（佐々木交賢訳）：教育と社会学，126-127，誠信書房，1995
9 ）小倉学：改訂養護教諭―その専門性と機能―，東山書房，1985

112

10）大谷尚子・中桐佐智子編：新養護学概論，東山書房，2010

11）宮本常一，父母の記／自伝抄，未来社，2002

12）杉浦守邦：北豊吉と学校保健（特別発表），学校保健研究，25(3)，106，1983

13）保健体育審議会：「児童生徒の健康の保持増進に関する施策について」（答申），1972

14）保健体育審議会：「生涯にわたる心身の健康の保持増進のための今度の健康に関する教育及びスポーツの振興の在り方について」（答申），1997

15）中央教育審議会：「子どもの心身の健康を守り、安全・安心を確保するために学校全体としての取組を進めるための方策について」（答申），2008

16）「学校保健安全法の一部を改正する法律」公布，2008.6.18

17）中央教育審議会：「チームとしての学校の在り方と今後の改善方策について」（答申），2015

18）昭和六年宮城縣統計第三編（教育）：15，宮城縣知事官房統計課，1933

19）指定統計第13号　学校基本調査報告書　昭和34年度：4，文部省調査局統計課，1960

20）宮本常一：民俗学の旅，109，240，講談社学術文庫，1993

21）天野敦子：実践研究にかかわる研究手法の構築に期待する，日本養護教諭教育学会誌，9(1)，1，2006

22）木下康仁：グランデッド・セオリー・アプローチの実践，弘文堂，2003

23）山浦晴男：質的統合法入門　考え方と手順，医学書院，2021

お わ り に

　多くの高校生の来室があり、保健室で対応に追われていた毎日は、私にとって輝くような日々であった。養護教諭は誰もが、子どもと対応することに幸せを感じて勤務されておられると思う。私が養護教諭を辞し大学に赴任し、真っ先に気づいたのは、私はもう高校生の対応をすることはないのだという現実であり、大きな喪失感を抱いた。そこで私は保健室を訪問させていただき、養護教諭と子どもとのやり取りを参与観察することを始めた。参与観察で得たデータをプロトコル分析し、以下のまとめを導いた。

　1．日々の対応の中に養護が存在する。そのため、普段の保健室における養護教諭の対応を丁寧に分析することが求められる。

　2．子どもの対応の解析は、参与観察、プロトコル分析、発話の内容分析等が考えられるが、発話だけでなく、表情、行動、しぐさなどを分析対象とするプロトコル分析が有用と考えられる。

　3．養護教諭と子どもとの対応の解明には、他者による分析だけでなく、当事者がいかに実践を記録して分析していくか、その手法を検討していくことが必要である。

　4．養護実践を質的研究手法により繙いていき養護の概念を抽出、集積させていき、養護を理論化していく。そのことは、養護教諭の行為に意味を与えることになり、養護教諭の自信につながるとともに養護教諭養成や養護実践の評価に生かされると考える。

　大学院から愚鈍な教え子をあきらめることなく、励まし、ご指導くださった故天野敦子先生、そして修士論文にはじまり、幾多の拙文を見てくださった堀内久美子先生に心より感謝申し上げます。ならびに博士課程でご指導い

ただいた宮腰由紀子先生、津島ひろ江先生に深く感謝申し上げます。宮腰先生には、「文字データを眺めている過程の中にすでに研究者の分析がはじまっている」とお話され、内容分析の面白さを教えていただきました。博論の大詰めでは、広島大学保健学部棟の宮腰ゼミ室で3日3晩徹夜したことも忘れ得ぬ思い出です。

　そして、本書をまとめるにあたって、叱咤激励し、応援してくれた夫徳彦に感謝の言葉を捧げます。あなたが居なければこの書をまとめることはできませんでした。

　最後に、本書を出版に導いてくださった風間書房社長風間敬子氏ならびに、終始的確なアドバイスをくださり、ご尽力くださいました宮城祐子さんに厚く御礼申し上げます。

　　2024年10月16日

　　　　　　　　　　　　　　　　　　　　　斉藤　ふくみ

著者略歴

斉藤　ふくみ（さいとう　ふくみ）

1958年　函館に生まれる
1981年　北海道教育大学旭川分校卒業
1983年　愛知教育大学大学院教育学研究科保健体育専攻保健学専修修了
1983年　北海道公立高等学校に養護教諭として勤務
2000年　熊本大学教育学部講師
2006年　広島大学大学院保健学研究科博士課程後期保健学専攻修了。博士（保健学）
2006年　熊本大学教育学部助教授（2007年職名変更准教授）
2008年　茨城大学教育学部准教授
2014年　茨城大学教育学部教授
2019年　関西福祉科学大学健康福祉学部教授
2022年　北翔大学教育文化学部教授

主な著書・論文

「子どもの権利を生かす生活指導全書⑧　子どもの健康と生活指導」分担執筆，一葉書房，
　　1993
「新養護学概論」分担執筆，東山書房，2009
「改訂養護実習ハンドブック」分担執筆，東山書房，2015
「新版養護教諭の行う健康相談」分担執筆，東山書房，2016
「研究的視点を探る養護教諭としての試み―執務記録の分析から―」『日本養護教諭教
　　育学会誌』，2(1)，46-54，1999
「北海道における養護教諭の歴史に関する考察(1)―その黎明期と配置の推移に着目し
　　て―」『北翔大学教育文化学部紀要』，8，265-276，2023　　　　　　　ほか多数

養護教諭の実践研究―プロトコル分析のすすめ―

2024 年 11 月 5 日　初版第 1 刷発行

著　者　　斉　藤　ふくみ

発行者　　風　間　敬　子

発行所　　株式会社　風　間　書　房

〒 101-0051　東京都千代田区神田神保町 1-34
電話 03(3291)5729　FAX 03(3291)5757
振替 00110-5-1853

印刷　平河工業社　　製本　井上製本所

©2024　Fukumi Saito　　　　　　　　　　NDC分類：374.9
ISBN978-4-7599-2520-3　Printed in Japan

JCOPY〈出版者著作権管理機構　委託出版物〉
本書の無断複製は，著作権法上での例外を除き禁じられています。複製される
場合は，そのつど事前に出版者著作権管理機構（電話 03-5244-5088，FAX
03-5244-5089，e-mail: info@jcopy.or.jp）の許諾を得て下さい。